9º AÑO
Ensino fundamental
Anos finais

ESPAÑOL sin fronteras

María de los Ángeles Jiménez García

É bacharela e licenciada em português e espanhol pela Faculdade de Filosofia, Letras e Ciências Humanas (FFLCH) da Universidade de São Paulo (USP).

Foi professora coordenadora do Centro de Estudos de Línguas (CEL) da 6ª Delegacia de Ensino da Secretaria Estadual de Educação do Estado de São Paulo, na EE Prof. José Heitor Carusi, de 1988 a 2000. Em 1992, também foi professora coordenadora do projeto Classes de Espanhol da Secretaria Municipal de Educação de São Paulo.

Josephine Sánchez Hernández

É bacharela e licenciada em português e espanhol pela Faculdade de Filosofia, Letras e Ciências Humanas (FFLCH) da Universidade de São Paulo (USP).

Foi professora do Centro de Estudos de Línguas (CEL) da 8ª Delegacia de Ensino da Secretaria Estadual de Educação do Estado de São Paulo, na EE Nossa Senhora da Penha, de 1988 a 2002.

Wagner de Souza Santos

É bacharel e licenciado em português e espanhol pela Universidade Paulista (Unip-SP) e bacharel em português e italiano pela Universidade do Estado do Rio de Janeiro (Uerj).

Especialista no ensino de espanhol para brasileiros pela Pontifícia Universidade Católica de São Paulo (PUC-SP), estudou interculturalidade na Universitat Pompeu Fabra (UPF) de Barcelona. Atua na rede particular de ensino, desde 2001, em escolas internacionais e é professor do Instituto Cervantes de São Paulo desde 2012.

Presidência: Mario Ghio Júnior
Direção executiva: Daniela Villela (Plataforma par)
Vice-presidência de Educação Digital: Camila Montero Vaz Cardoso
Direção editorial: Lidiane Vivaldini Olo
Gerência de conteúdo digital: Patrícia Ferreira
Gerência de conteúdo e design educacional: Renata Galdino
Gerência editorial: Julio Cesar Augustus de Paula Santos
Coordenação editorial: Luciana Nicoleti
Edição: Marina Caldeira Antunes e Patrícia Rocco S. Renda
Planejamento e controle de produção: Flávio Matuguma (ger.), Juliana Batista (coord.), Jayne Ruas (analista)
Revisão: Letícia Pieroni (coord.), Aline Cristina Vieira, Anna Clara Razvickas, Brenda T. M. Morais, Carla Bertinato, Daniela Lima, Danielle Modesto, Diego Carbone, Kátia S. Lopes Godoi, Lilian M. Kumai, Malvina Tomáz, Marília H. Lima, Paula Rubia Baltazar, Paula Teixeira, Raquel A. Taveira, Ricardo Miyake, Shirley Figueiredo Ayres, Tayra Alfonso e Thaise Rodrigues
Arte: Fernanda Costa da Silva (ger.), Catherine Saori Ishihara (coord.) e Claudemir C. Barbosa (edição de arte)
Diagramação: Essencial Design
Iconografia e tratamento de imagem: Roberta Siqueira Ribeiro Bento (ger.), Claudia Bertolazzi (coord.), Evelyn Torrecilla (pesquisa iconográfica) e Fernanda Crevin (tratamento de imagens)
Licenciamento de conteúdos de terceiros: Roberta Siqueira Ribeiro Bento (ger.), Jenis Oh (coord.), Liliane Rodrigues, Raísa Maris Reina e Sueli Ferreira (analistas de licenciamento)
Ilustrações: Jefferson Costa
Cartografia: Eric Fuzii (coord.) e Robson Rosendo da Rocha
Design: Erik Taketa (coord.) e Pablo Braz (miolo e capa)

Todos os direitos reservados por Somos Sistemas de Ensino S.A.
Avenida Paulista, 901, 6º andar – Bela Vista
São Paulo – SP – CEP 01310-200
http://www.somoseducacao.com.br

Dados Internacionais de Catalogação na Publicação (CIP)

```
Garcia, Maria de los Ángeles Jiménez
   Español sin fronteras : 9º ano / Maria de los Ángeles
Jiménez Garcia, Josephine Sánchez Hernández, Wagner de
Souza Santos. -- 5. ed. -- São Paulo : Scipione, 2021.

   ISBN 978-85-4740-405-5 (livro do aluno)
   ISBN 978-85-4740-406-2 (livro do professor)

   1. Língua espanhola (Ensino fundamental) - Anos finais
I. Título II. Hernández, Josephine Sánchez III. Santos,
Wagner de Souza

21-2189                                    CDD 468.24
```

Angélica Ilacqua – Bibliotecária – CRB-8/7057

2023
5ª edição
4ª impressão

Impressão e acabamento Gráfica Elyon

Uma publicação

Presentación

Querido alumno

Aprender un nuevo idioma nos abre puertas que dan paso a saberes de otras culturas, construye puentes que nos llevan a otros pueblos y a otros paisajes, y, aún más, rompe las fronteras del conocimiento y nos permite resignificar nuestro papel en un mundo cada vez más complejo y desafiador. Aprender una nueva lengua no significa restringirse al valor del idioma en sí mismo, sino ampliar las posibilidades de establecer nuevas conexiones, que te permitirán enriquecer tu experiencia de vida y reconstruir tu identidad.

Desde su primera edición, la colección **Español sin fronteras** fue elaborada con el propósito de facilitar tu acceso a ese rico universo cada vez más amplio y diverso, además de contribuir para que interactúes de forma significativa con todos los que forman parte de ese mundo. Es una colección hecha para ti, que quieres aprender español de una forma agradable y divertida. Sin embargo, todos sabemos que el libro no basta y que será necesario sobre todo tu empeño. Al final, eres tú el principal agente de tu aprendizaje.

Si entiendes, lees, hablas y escribes en español, más que comunicarte con casi 500 millones de personas que también hablan español, podrás posicionarte de manera crítica ante distintas situaciones sociales, bien como aprender a convivir con la diferencia e intentar entender al otro sin prejuicios. Tendrás delante de ti un gran abanico de posibilidades que te llevarán a caminar sin fronteras.

¡Mucho éxito y un gran abrazo!

Los autores

Conoce tu libro

Unidad

Al inicio de cada unidad, vas a conversar con tus compañeros sobre un elemento cultural del mundo hispanohablante y conocer el tema de la unidad.

¿Cómo se dice?

En esta sección, vas a escuchar audios, leer textos, hacer actividades y conocer cómo se dicen determinadas cosas en español.

¿Cómo se escribe?

Ya en esta sección, vas a conocer características de la escritura en español y ejercitar esos contenidos.

¿Vamos a leer?

Este es el momento de leer textos variados, explorar sus características y hacer actividades sobre lo que leíste.

¿Entiendes lo que oyes?

Aquí tienes la oportunidad de ejercitar la comprensión de audios variados y hacer actividades sobre ellos.

¿Cómo funciona?

Es hora de organizar los conocimientos lingüísticos que adquiriste hasta este momento, reconocer estructuras gramaticales y utilizarlas en actividades prácticas.

¡Entérate!

En esta sección, vas a leer un texto periodístico actual y hablar con tus compañeros sobre temas contemporáneos relevantes.

¿Vamos a producir?

¿Qué tal poner en práctica lo que aprendiste? Aquí, vas a encontrar una propuesta de producción oral o escrita con todas las orientaciones necesarias para que te expreses en español.

Sigue explorando

Para finalizar la unidad, esta sección trae una propuesta de investigación sobre actualidades culturales de los países hispanohablantes y también sugerencias de materiales complementarios en el cuadro **Para explorar más**.

Repaso

Al final del libro, hay actividades de revisión del contenido de todas las unidades.

Sumario

UNIDAD 1
Dando noticias 8

¿Cómo se dice? 9
Los mensajes escritos

¿Entiendes lo que oyes? 15
"Escribir cartas a mano: 'Escribir y leer puede ser más íntimo que hablar'", Ariel Richards

¿Cómo se escribe? 17
El uso de los signos de puntuación – Parte I

¿Vamos a leer? 20
"Una niña le dedica carta de amor a la vida y conmueve a todos", *La Verdad*

¿Cómo funciona? 23
Presente de subjuntivo
Verbos regulares en presente de subjuntivo
Verbos irregulares en presente de subjuntivo

¿Vamos a producir? 30
La noticia

¡Entérate! 32
El fenómeno de las *fake news*

Sigue explorando 33
Periódicos en español

UNIDAD 2
Carreras del futuro 34

¿Cómo se dice? 35
Anuncios de empleo y cartas comerciales
Las profesiones y carreras

¿Entiendes lo que oyes? 39
Trabajar durante la carrera

¿Cómo se escribe? 40
El uso de los signos de puntuación – Parte II

¿Vamos a leer? 42
Test vocacional, *Quevasaestudiar.com*

¿Cómo funciona? 44
Presente de subjuntivo: casos especiales
Sufijos aumentativos, diminutivos y despectivos

¿Vamos a producir? 52
Carta de presentación

¡Entérate! 54
El trabajo infantil

Sigue explorando 55
Jóvenes emprendedores

UNIDAD 3
Consumo responsable 56

¿Cómo se dice? 57
El consumo y el consumismo

¿Entiendes lo que oyes? 62
Estar a la moda y cuidar el planeta

¿Cómo se escribe? 64
El uso de los signos de puntuación – Parte III

¿Vamos a leer? 66
"¿Cuáles son los derechos, deberes y responsabilidades del consumidor?", Centro de Mediación y Justicia – Santiago, Chile

¿Cómo funciona? 69
Pretérito imperfecto de subjuntivo (verbos regulares)
Pretérito imperfecto de subjuntivo (verbos irregulares)

¿Vamos a producir? 76
El decálogo

¡Entérate! 78
El desperdicio de alimentos

Sigue explorando 79
Artesanía sostenible

UNIDAD 4
Viajes reales, viajes imaginarios... 80

¿Cómo se dice? 81
Recorridos literarios y guía tradicional

¿Entiendes lo que oyes? 86
Diarios de motocicleta: notas de un viaje por América Latina, Ernesto Guevara

¿Cómo se escribe?....................... 89
    Palabras homónimas
    Palabras parónimas

¿Vamos a leer? 92
    Cien años de soledad, Gabriel García Márquez

¿Cómo funciona? 95
    Los pronombres personales complemento
    La posición del pronombre complemento en la frase

¿Vamos a producir? 105
    La tertulia literaria

¡Entérate! 106
    Jóvenes lectores

Sigue explorando 107
    Nueva generación de escritores

UNIDAD 5
Un planeta enfermo 108

¿Cómo se dice?...........................109
    "Cambio climático: ¿Cómo afecta a nuestro país y cómo nos podemos preparar?", Universidad de Chile

    Problemas ambientales

¿Entiendes lo que oyes? 114
    Salvemos nuestro planeta: tecnología, economía y filosofía para la sostenibilidad de nuestro modo de vida, José Galindo Gómez

¿Cómo se escribe?.......................116
    Los sinónimos y los antónimos

¿Vamos a leer? 118
    "Solidaridad global frente a la crisis del agua", Catalina Silva

¿Cómo funciona? 121
    El imperativo
    El imperativo de verbos pronominales

¿Vamos a producir? 127
    La conferencia

¡Entérate! 128
    La contaminación de los océanos

Sigue explorando 129
    Biodiversidad preservada

UNIDAD 6
Fiestas y tradiciones 130

¿Cómo se dice?...........................131
    Fiestas populares
    Bailes tradicionales

¿Entiendes lo que oyes? 135
    "La crueldad de las fiestas de San Fermín", *El Cartero de Pinamar*

¿Cómo se escribe?.......................137
    Dichos y expresiones idiomáticas

¿Vamos a leer? 141
    "Vive y goza el Carnaval de Barranquilla", *Colombia Travel*

¿Cómo funciona? 146
    El gerundio
    Usos del gerundio
    Perífrasis verbal

¿Vamos a producir? 154
    Feria cultural

¡Entérate! 156
    El Día de la Hispanidad

Sigue explorando 157
    Patrimonio cultural inmaterial

REPASO 158
Unidad 1......................................158
Unidad 2......................................161
Unidad 3......................................164
Unidad 4......................................167
Unidad 5......................................170
Unidad 6......................................173

BIBLIOGRAFÍA 176

UNIDAD 1

DANDO NOTICIAS

- ¿Qué está leyendo la mujer de la fotografía? ¿Qué asuntos se suelen tratar en ese tipo de publicación?

- ¿Qué otros medios nos ayudan a enterarnos de las noticias? ¿Cuáles utilizas?

- En tu opinión, ¿es difícil confiar en las noticias que recibimos? ¿Por qué?

Llamadas por teléfono, correos electrónicos, cartas abiertas, periódicos, revistas e incluso telediarios son algunos de los recursos que nos ayudan a enterarnos de las novedades. ¿Te animas a conocer cómo podemos dar y recibir noticias?

Mujer leyendo un periódico en un quiosco, en Ciudad de México, México.

¿Cómo se dice?

1 Ordena el correo electrónico de Ana, de Sevilla (España), en respuesta al de su prima María, que vive en Quito (Ecuador). Después, escucha la grabación y verifica tu respuesta.

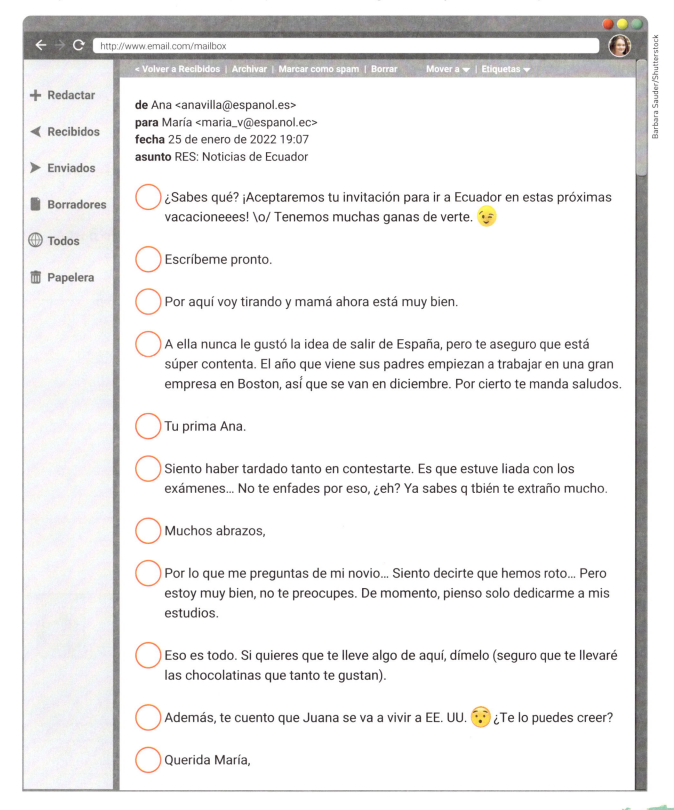

de Ana <anavilla@espanol.es>
para María <maria_v@espanol.ec>
fecha 25 de enero de 2022 19:07
asunto RES: Noticias de Ecuador

○ ¿Sabes qué? ¡Aceptaremos tu invitación para ir a Ecuador en estas próximas vacacioneees! \o/ Tenemos muchas ganas de verte. 😉

○ Escríbeme pronto.

○ Por aquí voy tirando y mamá ahora está muy bien.

○ A ella nunca le gustó la idea de salir de España, pero te aseguro que está súper contenta. El año que viene sus padres empiezan a trabajar en una gran empresa en Boston, así que se van en diciembre. Por cierto te manda saludos.

○ Tu prima Ana.

○ Siento haber tardado tanto en contestarte. Es que estuve liada con los exámenes… No te enfades por eso, ¿eh? Ya sabes q tbién te extraño mucho.

○ Muchos abrazos,

○ Por lo que me preguntas de mi novio… Siento decirte que hemos roto… Pero estoy muy bien, no te preocupes. De momento, pienso solo dedicarme a mis estudios.

○ Eso es todo. Si quieres que te lleve algo de aquí, dímelo (seguro que te llevaré las chocolatinas que tanto te gustan).

○ Además, te cuento que Juana se va a vivir a EE. UU. 😮 ¿Te lo puedes creer?

○ Querida María,

2 Vuelve a escuchar la grabación y escribe **V** si la afirmación es verdadera o **F** si es falsa.

a. ◯ Ana estuvo muy ocupada con los estudios porque tenía exámenes.

b. ◯ Ana y su mamá van a pasar las próximas vacaciones en Quito.

c. ◯ Ana piensa casarse con su novio en unos meses.

d. ◯ Juana siempre había querido irse de España.

e. ◯ Los padres de Juana se van a los EE. UU. para conseguir trabajo.

Los mensajes escritos

1 Identifica los elementos que constituyen el sobre, la tarjeta postal y el correo electrónico.

> 1. nombre del remitente   2. dirección del remitente
> 3. nombre del destinatario   4. dirección del destinatario   5. código postal

a. El sobre.

Sr. Ernesto Moreno ◯
Rua Goiatuba, 850 ◯
02001-070 ◯
São Paulo – SP – Brasil

Carlos Sánchez ◯
Calle Salamanca, 28 1º 1ª izda. ◯
28004 ◯
Madrid – España

b. La tarjeta postal.

Centro histórico de Antigua, Guatemala.

Nicolás

¡Antigua es una ciudad estupenda! Es una de las ciudades coloniales más hermosas de Guatemala. La gente es muy simpática y la comida es riquísima. Lo estoy pasando fenomenal. ¿Vas a venir?

Besos,
Carmen ◯
10 de febrero de 2022.

Nicolás Jiménez ◯
Calle Ventura Rodríguez, 23 ◯
Buenos Aires – Argentina
0 4 0 0 6 ◯

c. El correo electrónico.

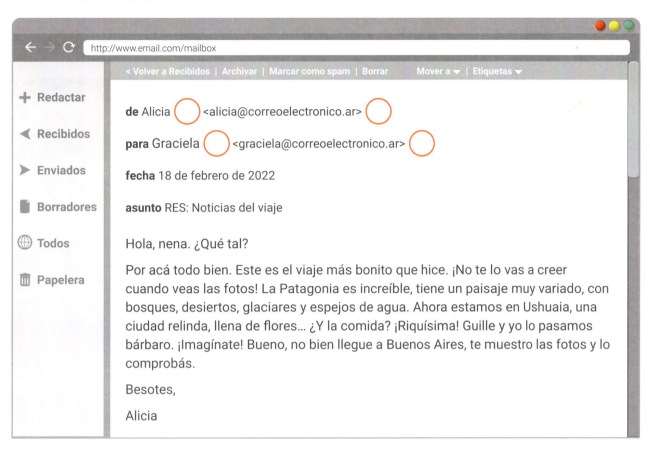

2 Relaciona los verbos de la primera columna con su significado en la segunda columna.

a. fechar   ○ Enviar algo a determinada persona de otro lugar.

b. sellar   ○ Poner la fecha.

c. despachar   ○ Obtener un certificado de que algo ha sido enviado.

d. remitir   ○ Distribuir algo por algún lugar.

e. destinar   ○ Enviar algo por correo.

f. certificar   ○ Tomar lo que te dan.

g. recibir   ○ Poner el sello.

h. repartir   ○ Dirigir o señalar algo a un lugar.

3 Imagina que eres español y llevas un mes estudiando en Brasil. Escríbele un correo electrónico a un amigo que vive en Córdoba, España, contándole cómo es la experiencia.

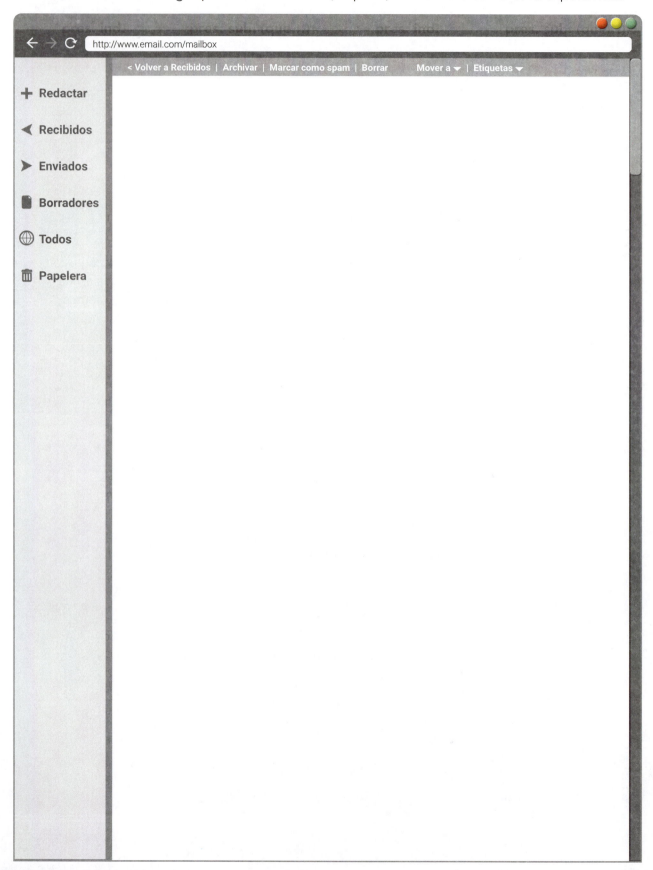

4 Relaciona las notas a las intenciones que siguen.

a. Dar una buena noticia.
b. Avisar de algo.
c. Pedir algo prestado.
d. Invitar a alguien.
e. Dejar un mensaje y pedir respuesta.

Profe
Estamos en el salón de recreación. El director nos ha convocado para darnos un aviso muy importante.
TUS ALUMNOS

Luis
Te esperé una hora y no llegaste, entonces me fui al cine con Juan y Sonia.
¿Te has olvidado? Llámame en cuanto llegues.
Elisa

Ana
Necesito que me prestes tu diccionario español/portugués.
Es que tengo que hacer la tarea del miércoles.
¡Gracias!
Antonio

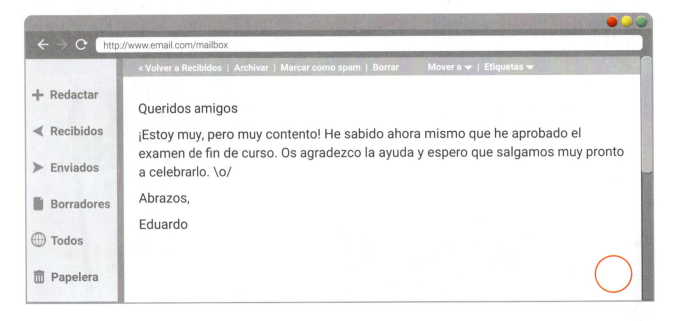

5 Elige dos de las situaciones que siguen y haz lo que se te pide. Si quieres, puedes usar las expresiones de la actividad anterior.

a. Un compañero tuyo se ha caído durante la clase de Educación Física y va a faltar a la clase de Ciencias. El director lo llevó a un hospital. Déjale una nota al profesor de Ciencias informando del accidente.

b. Juan va a dar una fiesta de disfraces en su casa. Escribe un correo electrónico para darles la noticia a unos amigos que estaban de viaje y no lo saben.

c. Una amiga te ha invitado a ir al cine, pero tienes una gripe muy fuerte y te duelen la garganta y la cabeza. Mándale un mensaje a su celular explicándole que no puedes ir.

d. El profesor te ha pedido que les comuniques a tus compañeros que el curso de verano empezará el próximo lunes. Déjales una nota en el tablón de avisos.

¿Entiendes lo que oyes?

1. ¿Cómo te sientes más seguro parar expresar tus sentimientos? ¿Hablando o escribiendo?

2. Escucha la grabación y completa los huecos del artículo con las palabras que faltan.

Escribir cartas a mano: "Escribir y leer puede ser más íntimo que hablar"

Hace unos días quise _____ algo a mi mejor amiga y no me atreví. **Hay cosas que me cuesta enfrentar cara a cara, principalmente por** _____ **al rechazo, así que en vez de decírselo en una conversación presencial recurrí a la** _____ . Cuando era chica y me costaba _____ , solía sentarme en mi escritorio y escribirle cartas a mi mamá. Esto, por supuesto, no era algo natural. Era algo que ella me había enseñado a hacer, una especie de _____ de emergencia para cuando hablar no resultaba fácil. [...]

En mi familia escribir es algo íntimo. Reservado.

Con los años, para mí se fue transformando en una _____ que me ayudó, dentro de mis dificultades, a expresarme. Ahí, en el papel, podía contarle a mi mamá qué me pasaba. **Se las dejaba debajo de la almohada, para que solo ella las encontrara y así me aseguraba que las leería en un momento** _____ . A veces, solo para ocasiones especiales, ella me escribía de vuelta. Eran cartas largas, dedicadas, personalizadas, _____ . Se notaba que muchas veces había llorado cuando las había escrito. Después de que nos leíamos —cada una en su pieza—, dábamos por cerrado el _____ con un beso.

Así crecí. Y hoy tengo la certeza de que —cuando nos cuesta enfrentar algo— _____ y leer puede ser más íntimo que hablar. **Porque en las cartas manuscritas estamos volcadas honestamente**. En las teleseries la _____ se sabe a través de las cartas, los engaños se descubren a través de las cartas, las herencias se aclaran a través de las cartas. Y eso es porque nuestro puño y letra es garantía de _____ . [...]

RICHARDS, Ariel. Escribir cartas a mano: "Escribir y leer puede ser más íntimo que hablar". *La Tercera*, Santiago, 22 ago. 2020. Disponible en: www.latercera.com/paula/escribir-cartas-a-mano-escribir-y-leer-puede-ser-mas-intimo-que-hablar/. Accedido el: 17 mayo 2021.

3 Contesta a las preguntas sobre el artículo.

a. ¿Se puede afirmar que las cartas fueron importantes para la autora cuando ella era niña? ¿Por qué?

_____
_____
_____
_____

b. ¿La mamá de la autora siempre le escribía de vuelta? ¿Cómo eran sus respuestas?

_____
_____
_____
_____

c. ¿Qué piensa la autora sobre las cartas escritas a mano?

_____
_____
_____
_____

4 Señala el significado de las expresiones según el contexto.

a. cara a cara:
- ⭕ personalmente
- ⭕ por mensaje
- ⭕ por llamada

b. íntimo:
- ⭕ externo
- ⭕ público
- ⭕ personal

c. personalizada:
- ⭕ amiga
- ⭕ exclusiva
- ⭕ enemiga

d. puño y letra:
- ⭕ escritura manuscrita
- ⭕ digitación de textos
- ⭕ escritura con bolígrafo

5 Ahora contesta oralmente.

a. ¿Has escrito una carta alguna vez en tu vida? ¿A quién?

b. ¿Alguna vez has recibido alguna carta? ¿De quién?

c. ¿Estás de acuerdo con la opinión de la autora sobre la importancia de las cartas? ¿Por qué?

¿Cómo se escribe?

El uso de los signos de puntuación – Parte I

1 Observa la utilización de los signos de puntuación.

a. El **punto** recibe denominaciones específicas de acuerdo con su función en el texto:

[...] 57 años después, el viaje de Tereshkova a bordo de la nave Vostok 6 sigue siendo un referente para la historia no solo de la ciencia sino de las mujeres que labraron en camino en este mundo. El 22 de diciembre de 2015, la Asamblea General de las Naciones Unidas decidió designar el 11 de febrero como el **Día Internacional de la Mujer y la Niña en la Ciencia** para conmemorar y reconocer la trayectoria de todas aquellas mujeres que han contribuido al avance de la ciencia y la tecnología y cuya historia muchas veces ha quedado en el olvido.

La anualidad de este día internacional, que se celebró el 11 de febrero de 2016 por primera vez, fue impulsada por las iniciativas de la **Organización de las Naciones Unidas** para la Educación, la Ciencia y la Cultura (UNESCO), la ONU-Mujeres y otras organizaciones competentes con el objetivo de promover el acceso equitativo y pleno de mujeres y niñas a la educación en los ámbitos de la ciencia, la tecnología, la ingeniería y las matemáticas (Educación STEM).

> **Punto y seguido:** se utiliza cuando la oración siguiente guarda una relación con la anterior y están en el mismo párrafo.

> **Punto y aparte:** señala el fin del párrafo y el comienzo de otro con una idea o contenido diferente.

> **Punto final:** se utiliza para indicar el final de una idea o un texto.

LARA, Oriol. ¿Por qué el 11 de febrero es el Día Internacional de la Mujer y la Niña en la Ciencia?. *El Periódico*, 11 feb. 2021. Disponible en: www.elperiodico.com/es/sociedad/20210211/11-febrero-dia-internacional-mujer-11505264. Accedido el: 23 jul. 2021.

b. Los **puntos suspensivos** son tres y van siempre juntos. Generalmente presentan las siguientes funciones:

- Indicar interrupción de pensamiento, hesitación o duda:

    No sé, tal vez no venga Juan... Bueno, tal vez venga más tarde. Me gustaría cambiar de piso. Pero... no lo sé... a lo mejor...

    > Interrupción de pensamiento
    > Hesitación

- Mostrar la interrupción en un diálogo:

    —No sé, es posible que tengas razón y...
    —Estás un poco confundido con esa situación, ¿no?

    > Interrupción

- Sugerir la continuación de una idea o un hecho: **Continuación**

LINIERS, Ricardo Siri. *Macanudo 10*. Buenos Aires: Ediciones de la Flor, 2014.

- Indicar que se ha omitido un fragmento. En este caso, va entre paréntesis o entre corchetes:

  En ese momento de indecisión, pensé: "Más vale pájaro en mano […] y acepté que me pagara el almuerzo.".   **Omisión ("que cien volando")**

- Indicar que una enumeración podría continuar; equivale a etcétera:

  Aquí puedes encontrar de todo: ropa, zapatos, discos, muebles…   **Enumeración**

- Reforzar la idea de ironía:

  ¡Qué tonta! Pensaste que era una carta de amor…   **Refuerzo de ironía**

c. La **coma** se utiliza principalmente en las siguientes situaciones:

- Delante de las conjunciones adversativas **mas**, **pero**, **aunque**:

  Iré a la fiesta, aunque no tenga ganas.
  La propuesta es buena, pero no me interesa en este momento.   **Delante de conjunción adversativa**

- Para separar las oraciones explicativas:

  Pelé, que es el rey del fútbol, fue ministro de los deportes en Brasil.   **Antes y después de una oración explicativa**

- Para separar expresiones explicativas, como **en efecto**, **finalmente**, **es decir**, **esto es**, **por consiguiente**, **en fin**:

  He conseguido, finalmente, encontrar a Ana en su casa.
  Él vive en la capital de Brasil, es decir, Brasilia.   **Antes y después de expresiones explicativas**

- En las enumeraciones:

  Compré sellos, sobres, papel de carta y una goma.   **Enumeraciones**

- Para separar los vocativos:

  Ven a ver mis zapatos nuevos, Pilar.
  Hombre, ¡es hora de empezar a trabajar!   **Antes o después de vocativos**

- Cuando se modifica el orden natural de la estructura de la frase:

  Me sentí más tranquila, cuando Juan llegó a casa.   **Inversión**

2 Ahora lee las informaciones de los Correos de España y escribe las comas y los puntos donde sea necesario.

a.

Paquete Azul

Envío de paquetes o documentos voluminosos a España y Andorra Circulan registrados y la entrega solo se realiza bajo firma del destinario pero pueden recogerse posteriormente en la oficina en caso de que no sea posible proceder a la entrega

Es posible añadirse los siguientes servicios complementarios: aviso de recibo reembolso y seguro especial

Fuente de la información: Sociedad Estatal Correos y Telégrafos. Disponible en: www.correos.es/es/es/particulares/enviar/envios-nacionales/envios-economicos/paquete-azul. Accedido el: 22 mayo 2021.

b.

Telegrama

Envío de mensajes urgentes con la mayor fiabilidad sin moverte de tu casa Te confirmamos por escrito la entrega de tu documento telegráfico y registramos tanto la persona que lo recibió como la fecha y hora de la recogida Además, podrás solicitar una copia certificada del documento es decir una copia con valor de prueba ante jueces y tribunales y con validez legal frente a terceros

Fuente de la información: Sociedad Estatal Correos y Telégrafos. Disponible en: www.correos.es/es/es/particulares/enviar/envios-nacionales/documentos/telegrama. Accedido el: 17 mayo 2021.

c.

GIRO NACIONAL

Servicio disponible en cualquier oficina de Correos, donde podrás elegir entre dos modalidades de abono al destinatario: efectivo o ingreso en cuenta corriente (giro nacional) Solo tienes que llevar el importe facilitar los datos del destinatario informar la dirección a la que quieres que se envíe y elegir la modalidad de entrega El abono del giro tiene un importe máximo de 2 499€

Fuente de la información: Sociedad Estatal Correos y Telégrafos. Disponible en: www.correos.es/es/es/particulares/dinero-y-compras/envio-de-dinero/giro-nacional. Accedido el: 17 mayo 2021.

¿Vamos a leer?

1 En tu opinión, ¿qué celebraciones merecen un mensaje especial? Habla con tus compañeros.

2 Mira las fotografías y comenta con tus compañeros a quién le escribirías en cada celebración.

a.

La Navidad.

b.

El cumpleaños.

c.

El día de la familia.

d.

El día del amigo.

3 ¿Qué te motivaría a escribir una carta? Mira la lista y marca las opciones que te llevarían a hacerlo.

- ◯ Pedir un favor.
- ◯ Agradecer a alguien.
- ◯ Contar algo personal.
- ◯ Aclarar una duda.
- ◯ Inscribirse en un curso.
- ◯ Declararse a alguien.
- ◯ Quejarse de algún servicio.
- ◯ Participar de un concurso.

4 ¿Alguna vez se te ha ocurrido escribirle una carta a la vida? ¿Qué le dirías? Habla con tus compañeros.

5. Lee la carta de un concurso literario y descubre los motivos por los que la autora la ha escrito.

Querida, apreciada y estimada Vida:

Me dirijo a ti porque tengo una duda. ¿Y quién mejor que tú para preguntarte? Tú ya me conoces, no tengo que presentarme. Ojalá te conociera a ti igual de bien. Vida, yo antes era completamente feliz, hace unos años sobre todo, aunque tampoco tengo tantos… Tú no me avisaste de cómo eras, solo me mostrabas tu cara divertida: llena de sonrisas, del cariño de los míos, de noches tranquilas y amaneceres alegres… Pero Vida, de pronto me enseñaste otra cara. ¿Por qué? ¿Qué pasó?

Ahora estás llena de desprecios, de egoísmo y de desilusiones. De críticas, de comparaciones, de burlas… De noches con pesadillas y de días intranquilos. Vida, a veces te veo injusta, pero algo haría yo. Bien sabes que con 12 años la cabeza anda metida en un barullo de cosas.

Quiero pedirte, Vida, que sigas enseñándome la otra cara. Yo te quiero y me gusta vivirte y disfrutarte. Pero a veces es bien difícil… Aun así te doy las gracias por todo lo que me ofreces, por cada cosa que me descubres, por la fuerza que me das y por poder estar junto a los míos. Que me entienden, que me quieren…

Vida, acabo esta carta con una sonrisa, mi sonrisa de siempre, con la que vivo.

Besos,

C.

PD. No se te ocurra quitarme la sonrisa, me la diste el primer día y la voy a tener hasta el último.

REY, María. Querida Vida. *In*: Una niña le dedica carta de amor a la vida y conmueve a todos. *La Verdad*, México, 23 feb. 2018. Disponible en: https://laverdadnoticias.com/estiloyvida/Una-nina-le-dedica-carta-de-amor-a-la-vida-y-conmueve-a-todos-20180223-0084.html. Accedido el: 16 mayo 2021.

6 Contesta a las preguntas.

a. ¿Para qué la remitente le escribe la carta a la Vida?

_____
_____
_____

b. ¿Cómo la niña veía la vida antes y cómo la ve ahora?

_____
_____
_____

7 Relaciona las informaciones, teniendo en cuenta los contenidos de la carta.

a. Remitente

b. Destinatario

c. Duda

d. Pedido

e. Agradecimiento

○ "Pero Vida, de pronto me enseñaste otra cara. ¿Por qué? ¿Qué pasó?"

○ "C."

○ "Quiero pedirte, Vida, que sigas enseñándome la otra cara."

○ "Aun así te doy las gracias por todo lo que me ofreces […]"

○ "La vida".

8 ¿Crees que la niña lleva una vida triste? ¿Por qué?

_____
_____
_____
_____

9 ¿Qué significa el siguiente fragmento de la carta?

Ojalá te conociera a ti igual de bien.

○ Para la niña, sería un problema conocer mejor la vida.

○ La niña no quiere conocer la vida, porque le trae muchos problemas.

○ A la niña le gustaría conocer la vida tan bien como la vida la conoce.

Carta es un texto de correspondencia que presupone la existencia de un remitente, quien escribe el mensaje, y un destinatario, quien recibe el mensaje. Con los avances tecnológicos, la carta también tiene su versión digital, conocida como correo electrónico.

¿Cómo funciona?

Presente de subjuntivo

1 Lee las tarjetas de felicitaciones y observa los verbos destacados.

Que **tengas** un hermoso día.
Que lo **pases** relindo.

¡Feliz cumple!

¡Disfruta este día!

Espero que **empiece** para ti un año igual de especial.

¡FELIZ CUMPLEAÑOS!

- Las formas destacadas expresan:

  ◯ pedidos.   ◯ deseos.   ◯ probabilidades.

2 Los verbos en presente de subjuntivo derivan del presente de indicativo. Escucha la grabación y completa los huecos adecuadamente.

¡Feliz cumpleaños!
¡Te deseo lo mejor del mundo!

Espero que _____ mucho de este día, que el éxito siempre te _____ en todo lo que _____ hacer y que todos tus sueños se _____ .

3 El presente de subjuntivo se utiliza para expresar finalidad, mandatos, hipótesis o deseos. Relaciona las columnas.

a. finalidad

b. pedido

c. incerteza

d. deseo

e. probabilidad

f. recomendación

○ ¡Que todos tus sueños se **realicen**!

○ Es útil que **guardes** los mensajes especiales.

○ Tal vez **participemos** del concurso literario.

○ Es probable que me **contesten** hoy.

○ Te traigo esta carta para que la **leas**.

○ Dile a Miguel que me **llame**.

4 Observa cómo se utiliza el presente de subjuntivo. Luego, escribe su función en cada caso.

a.

b.

c.

d.

e.

f.

Verbos regulares en presente de subjuntivo

1 Completa la tabla y observa la conjugación según los distintos tiempos y modos verbales.

Infinitivo	Presente de indicativo	Presente de subjuntivo
mandar	(yo) _____	(que yo) mande
leer	(yo) _____	(que yo) lea
escribir	(yo) _____	(que yo) escriba

Para formar el presente de subjuntivo, se cambian las vocales características de cada grupo:
- verbos terminados en **-ar** reciben las terminaciones **-e, -es, -e, -emos, -éis, -en**.
- verbos terminados en **-er** o **-ir** reciben las terminaciones **-a, -as, -a, -amos, -áis, -an**.

2 Rellena los huecos de la tabla con los verbos en presente de subjuntivo.

	Ayudar	**Vender**	**Partir**
(que yo)	ayude	venda	
(que tú)			partas
(que usted)		venda	
(que él / ella)			parta
(que nosotros/as)	ayudemos		
(que vosotros/as)		vendáis	
(que ustedes)			partan
(que ellos / ellas)	ayuden		

3 Utiliza los verbos entre paréntesis y completa las frases con el presente de subjuntivo.

a. Es conveniente que _____ (**comer, tú**) antes de ir.

b. ¿Crees que es necesario que yo le _____ (**escribir**) una carta?

c. Es posible que _____ (**comprar, él**) un ordenador hoy.

d. Ojalá _____ (**aprender, vosotros**) a ser buenos ciudadanos.

e. Es muy bueno que me _____ (**llamar, tú**) antes de salir.

f. Es probable que _____ (**viajar, nosotros**) mañana.

4 Utiliza las expresiones presentadas anteriormente y forma otras frases con verbos en presente de subjuntivo.

a. Ojalá _____.

b. Tal vez _____.

c. Deseo que _____.

d. Esperamos que _____.

e. Quizá _____.

f. No creo que _____.

Verbos irregulares en presente de subjuntivo

1 Observa las informaciones sobre los cambios que sufren los verbos irregulares en presente de subjuntivo y completa las tablas.

a. verbos irregulares de la primera conjugación (**-ar**):

Pensar (e → ie)		Contar (o → ue)	
pres. ind.	pres. sub. (que…)	pres. ind.	pres. sub. (que…)
			cuente
	pienses		
	piense		cuente
	piense		
			contéis
	piensen		
	piensen		cuenten

b. verbos irregulares de la segunda conjugación (**-er**):

Perder (e ➜ ie)		Mover (o ➜ ue)	
pres. ind.	pres. sub. (que...)	pres. ind.	pres. sub. (que...)
	pierda		
			muevas
			mueva
	pierda		
			movamos
	perdáis		
			muevan
	pierdan		

c. verbos irregulares de la tercera conjugación (**-ir**):

Sentir (e ➜ ie)		Repetir (e ➜ i)		Dormir (o ➜ ue)	
pres. ind.	pres. sub. (que...)	pres. ind.	pres. sub. (que...)	pres. ind.	pres. sub. (que...)
			repita		
	sientas				duermas
	sienta		repita		duerma
	sintamos*		repitamos		durmamos**
	sintáis*		repitáis		durmáis**
			repitan		
	sientan				duerman

* Cambian **e** por **i**.
** Cambian **o** por **u**.

> Recuerda que, si un verbo es irregular en presente de indicativo, también lo es en presente de subjuntivo.

2 Rellena los huecos con los verbos entre paréntesis en presente de subjuntivo.

a. Es importante que todos _____ (**defender**) sus derechos.

b. Les pido que _____ (**sentarse**), por favor.

c. No creo que _____ (**costar**) tan caro así.

d. No es posible que _____ (**pensar, ellos**) que soy el culpable.

e. Ojalá no _____ (**llover**).

f. Dudo que _____ (**acertar, vosotros**) lo que ella escribió en la carta.

g. Te ruego que _____ (**confesar**).

h. Tómate una pastilla para que no te _____ (**doler**) la garganta.

i. Es mejor que _____ (**acostarse, yo**) ahora mismo.

j. Espero que _____ (**poder, vosotros**) venir a la fiesta de mi hijo.

k. Quizás _____ (**resolver, él**) el problema pronto.

l. No quiero que me _____ (**devolver, vosotros**) ese dinero.

m. Es probable que nos _____ (**pedir, ellos**) los libros.

n. No creo que este piso _____ (**medir**) más de 40 metros.

3 Completa el texto con los verbos en presente de subjuntivo.

Ricardo

*He tenido que salir y no creo que _____ (**poder**) volver antes de que _____ (**llegar, tú**). No es necesario que te _____ (**preocupar**) en hacer la cena; cuando _____ (**volver, yo**), pediremos una pizza. Solo quiero que me _____ (**apuntar**) los mensajes y que _____ (**llevar**) a Pancho a pasear. Espero que me _____ (**atender**) pronto en la agencia de automóviles y que _____ (**conseguir**) el coche para este fin de semana.*

Celia

¿Vamos a producir?

La noticia

La noticia es un género textual periodístico, de carácter informativo, que tiene como objetivo dar a conocer un tema actual o acontecimiento. La noticia se vehicula en medios de comunicación, como radio, televisión, periódicos y revistas impresos o digitales, etc.

Es un género con lenguaje objetivo formado por: un **titular**, escrito en el presente; un **subtítulo**, que es la síntesis de lo más importante de la noticia; una **entradilla**, que es el párrafo de entrada que responde a algunas preguntas (¿Qué? ¿Quién? ¿Cuándo? ¿Dónde? ¿Por qué? ¿Cómo?); y el **cuerpo de la noticia**, que presenta el desarrollo de las ideas. Algunas noticias pueden traer una fotografía para ilustrar el acontecimiento.

Lee una noticia ficticia creada para un periódico del futuro.

Adolescentes celebran el fin de la violencia infantil

Grupos de jóvenes brasileños se reúnen para celebrar el fin de la violencia contra los niños y adolescentes

José Luis Miró Acevedo
10 de febrero de 2030

Jóvenes brasileños se reúnen en Brasilia, capital de Brasil, para celebrar el fin de la violencia infantil.

Varios grupos de adolescentes se reunieron ayer en las principales capitales del país para celebrar el fin de la violencia contra niños y adolescentes en edad escolar. Tras décadas de trabajo, el país alcanzó una de las más importantes metas globales, con inversiones en la educación y en programas de formación para jóvenes y adultos.
El trabajo contó con una serie de iniciativas educativas, incluyendo la participación activa de niños y adolescentes en la toma de decisiones, en la reformulación de propuestas de leyes y en la creación de oportunidades para toda la comunidad juvenil del país. Esa era una de las metas establecidas por el Pacto Internacional de los Países Hispanohablantes, en colaboración con los países de lengua portuguesa. Una victoria más que esperada por todos.

Texto elaborado especialmente para esta obra.

Ahora, sigue las etapas para preparar una buena noticia del futuro.

Preparación

1. ¿Qué buena noticia te gustaría recibir en el año 2030? Elige un tema de interés de todos y piensa en un acontecimiento que crees que puede aportarle algo positivo.
2. Imagínate que estás en el futuro y vas a redactar la buena noticia del tema que has elegido. Organiza la información, teniendo en cuenta las partes de una noticia.

Tema	
Titular	
Subtítulo	
Entradilla	
Cuerpo de la noticia	

3. Verifica si has completado las partes de la noticia correctamente.

Producción

1. Escribe en el cuaderno la buena noticia que quieres recibir en el futuro.
2. Crea un titular con verbos en el presente y escribe en el subtítulo una síntesis de lo que vas a noticiar.
3. Elabora la entradilla, con las informaciones más importantes de la noticia (quién, qué, cuándo, dónde, etc.).
4. Escribe otros párrafos desarrollando la información presentada en la entradilla.

Revisión

1. Intercambia la noticia con un compañero. Echa un vistazo a lo que él ha escrito y corrige sus errores.
2. Devuélvele a tu compañero la noticia que has corregido. Ahora revisa las correcciones que te ha hecho.

Versión final

1. Utiliza una herramienta de edición de noticias para escribir la versión definitiva.
2. Publica tu buena noticia del futuro.
3. Presenta la buena noticia a tus compañeros de clase.

¡Entérate!

El fenómeno de las *fake news*

La facilidad de acceso a contenidos publicados en Internet ha favorecido la difusión de noticias falsas. Las *fake news* se caracterizan por el cambio intencional de la información, con el objetivo de manipular decisiones, burlar al lector e inducirlo al error. ¿Cómo puedes colaborar para frenar la difusión de contenidos falsos? Lee el texto para enterarte de ese tema.

¿Cómo y dónde buscan información los adolescentes?

Internet y las redes sociales se han convertido en el oráculo de la era digital a la hora de buscar información, especialmente en las generaciones más jóvenes

Madrid | 08/05/2021

Adolescente lee una noticia falsa en su móvil.

En la actual era de la información y de la comunicación digital, cualquier persona con acceso a internet y un dispositivo puede acceder a un sinfín de contenido: desde un tutorial a una receta de cocina, un dato histórico; cualquier consulta se teclea en un buscador y, voilà, la respuesta aparece en la pantalla. [...] Pero en una época en la que, además de consumidores, somos productores de contenidos, la desinformación, y con ella las *fake news*, se cuelan de vez en cuando en estas búsquedas; especialmente a través de las redes sociales y las aplicaciones de mensajería instantánea.

No es cuestión baladí. Solo 1 de cada 3 usuarios sabe diferenciar una información verídica de una falsa y más de un 70% reconoce haber creído una noticia falsa en los últimos tiempos. [...]

Según Miguel Ángel Rodríguez, "se debe poner énfasis en desarrollar en nuestros jóvenes el pensamiento crítico y que aquella información que les llega o buscan les haga saltar la pregunta de '¿Por qué esta noticia?'". A medida que contrastan información, los jóvenes van fomentando un hábito muy saludable, el de buscar la verdad, que les empoderará y les ayudará a opinar con conocimiento de causa.

¿CÓMO y dónde buscan información los adolescentes?. *El Mundo*. Disponible en: https://porunusolove.elmundo.es/fake-news/como-y-donde-buscan-informacion-los-adolescentes. Accedido el: 22 jul. 2021.

1 Según el texto, ¿la mayoría de las personas sabe evaluar la veracidad de la información en Internet?

2 De acuerdo con Miguel Ángel Rodríguez, ¿qué deben hacer los jóvenes para reconocer si una información es falsa?

3 ¿Crees que puedes ayudar a frenar la divulgación de noticias falsas? ¿Cómo?

Sigue explorando

Periódicos en español

Mantenerse enterado de las noticias de forma segura les puede resultar difícil a muchas personas, sobre todo en tiempos de *fake news*. En ese contexto, los periódicos son fuentes seguras de información. Hay, incluso, periódicos creados especialmente para el público joven, que tienen como objetivo acercar a los estudiantes del mundo de las noticias. Conoce dos periódicos de ese tipo en español.

Primeras Noticias (España)

El Juvenil (México)

Primeras Noticias es un periódico digital destinado al público juvenil y gestionado por un equipo de jóvenes voluntarios. Publica noticias sobre diferentes asuntos, como ciencia y naturaleza, salud, cultura, educación, videojuegos, etc.

El Juvenil es un periódico mexicano creado por jóvenes para adolescentes y jóvenes. Presenta variadas secciones, como temas internacionales, diseño, cultura, deportes, etc.

Ahora, investiga otros periódicos en español y elige el que más te llama la atención para presentarlo en clase:

- Busca información en Internet.
- Selecciona imágenes, audios y/o videos del periódico elegido.
- Organiza tu investigación en una presentación para compartir con tus compañeros.

Para explorar más

- *BUHO Magazine*. Disponible en: https://buhomag.elmundo.es/. Accedido el: 23 mayo 2021.

  Se define como una revista dirigida a diferentes grupos: el *skater*, la *rocker*, el *hipster*… Trae temas de interés de los jóvenes, como cine, televisión, series, tendencias y curiosidades.

- *El País*. Disponible en: www.elpais.com. Accedido el: 23 mayo 2021.

  Es uno de los principales periódicos de España, con reportajes y noticias de ámbito nacional e internacional. Además, tiene una versión brasileña.

- *Muy Interesante*. Disponible en: www.muyinteresante.es/. Accedido el: 23 mayo 2021.

  El sitio electrónico de la revista de mismo nombre reúne información sobre ciencia, tecnología, medio ambiente, historia y sociedad.

UNIDAD 2

CARRERAS DEL FUTURO

- ¿Qué está haciendo la adolescente de la imagen? ¿Dónde está?
- ¿Conoces actividades que despiertan la vocación profesional? ¿Cuáles?
- En tu opinión, ¿podemos descubrir en la adolescencia en qué nos gustaría trabajar? ¿Por qué?

El paso inicial para encontrar una vocación profesional es saber cuáles son tus gustos y habilidades. Sin embargo, ese descubrimiento puede cambiar, pues a lo largo del tiempo se amplían los gustos y las aptitudes. ¿Te animas a conocer un poco más del mundo laboral y de las carreras del futuro?

Participantes de una competencia robótica en Antel Arena, Montevideo, en Uruguay.

¿Cómo se dice?

1 Elena va a participar de su primera entrevista de trabajo. ¡A ver cómo le sale!

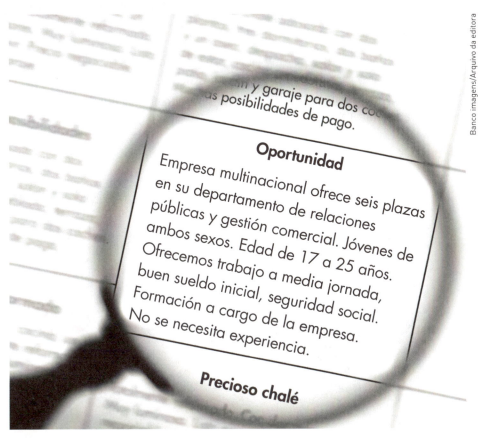

Aspirante	¡Buenas tardes! Soy Elena Gómez y tengo una entrevista a las dos para una de las plazas del departamento de relaciones públicas y gestión comercial.
Jefe de personal	Buenas tardes, señorita Gómez. Soy José Miguel Fernández. Pase, por favor, y tome asiento. ¿Ha traído su carné de identidad?
Aspirante	Sí, aquí está.
Jefe de personal	¡Muy bien! Debe rellenar este impreso con sus datos personales. ¿Tiene alguna experiencia laboral?
Aspirante	No, señor Fernández. No tengo experiencia, este será mi primer trabajo. Estoy terminando la enseñanza secundaria. Tengo conocimientos de informática y un buen conocimiento de español e inglés.
Jefe de personal	Bien. Nuestra empresa le ofrecerá un curso de formación y otro para perfeccionar su español. Su tarea será trabajar con el archivo y encargarse de la correspondencia. ¿Cree que tiene condiciones para cubrir la vacante?

Aspirante	¡Por supuesto! Soy una persona que aprende rápido y estoy bastante interesada.
Jefe de personal	¿En qué horario puede trabajar?
Aspirante	Bueno, estudio por la noche... Mis clases empiezan a las siete de la tarde... Puedo trabajar durante el día.
Jefe de personal	En cuanto a eso no hay problema, tiene derecho a una jornada especial para que pueda conciliar sus estudios. Creo que presenta las condiciones necesarias, pero la empresa va a analizar sus datos y dentro de una semana la llamaremos.
Aspirante	De acuerdo. ¡Hasta luego y muchas gracias!

2 Vuelve a escuchar la entrevista e identifica a quién corresponde cada información.

a. Aspirante

b. Jefe de personal

◯ Pide que le muestre la identidad.

◯ Tiene una entrevista a las dos.

◯ No tiene experiencia.

◯ Pide que complete el formulario.

◯ Estudia por la noche.

◯ Pregunta por el horario de trabajo.

3 Ahora contesta a algunas preguntas sobre el texto.

a. Según el anuncio, ¿qué plazas ofrece la empresa?

b. ¿A quién se dirige el anuncio?

c. ¿Qué ofrece la empresa?

d. ¿A qué puesto se presenta la señorita Elena Gómez?

e. ¿Qué documento ella presenta en el día de la entrevista?

f. ¿Tiene experiencia en ese trabajo? ¿Qué conocimientos demuestra tener?

g. ¿Cuál sería su tarea?

4 Completa el modelo de solicitud con tus datos.

Modelo de solicitud

Excelentísimo Sr. Director:

_____, alumno matriculado en el

_____ año del(de la) _____ en el periodo

_____, solicita su traslado al periodo _____

por motivos laborales.

Adjunto sigue la declaración de la empresa.

A la espera de sus noticias, se despide atentamente,

_____

Las profesiones y carreras

1 Lee las palabras del recuadro y escribe el nombre de las profesiones.

| profesor(a) | abogado(a) | diseñador(a) | biomédico(a) | dentista | ingeniero(a) |

a. _____

b. _____

c. _____

d. _____

e. _____

f. _____

2 Relaciona las carreras más promisoras a corto plazo con sus definiciones.

a. *Marketing digital*
b. Psicología
c. Ingeniería agrónoma
d. Medicina
e. Ingeniería robótica
f. Astrofísica

○ La salud desde siempre ha ocupado un lugar muy importante en la sociedad, sobre todo en la resolución de problemas sanitarios del mundo actual.

○ Los problemas del mundo moderno, como las adicciones y el estrés, requieren a especialistas preparados para ayudar en la salud mental de la sociedad.

○ Los profesionales de esa carrera investigan el origen del universo, la formación y la evolución de las estrellas, las galaxias y los planetas.

○ Los especialistas en esa área estudian factores de producción animal y vegetal, incluyendo procesos de conservación del medio ambiente.

○ Esa carrera reúne conocimientos en electrónica, diseño digital y computación, para aportar soluciones tecnológicas a nuestra vida personal y profesional.

○ Los profesionales que actúan en esa área desarrollan estrategias para promocionar marcas y productos en plataformas digitales y redes sociales.

¿Entiendes lo que oyes?

1 ¿Te parece difícil decidir qué carrera seguir? Comenta con tu compañero cuáles te interesan.

2 Escucha la primera parte del texto y después completa el fragmento con las palabras que faltan.

Trabajar durante la carrera

No es nada fácil, cuando _____, decidir hacia dónde debes encaminar tu futuro, sobre todo teniendo en cuenta _____
_____.

Tampoco es fácil decidir el momento de empezar a trabajar. Cuando eres joven, _____
_____, tienes grandes ilusiones _____,
todo por descubrir, por conquistar, pero también —y esto te da miedo— todo por fracasar.
_____ de ilusión-temor _____
_____ tus metas profesionales. No siempre ocurre en el mismo
momento, cada uno de nosotros _____ y madura
emocionalmente a velocidad distinta. Pero todos _____.

Texto elaborado especialmente para esta obra.

3 Escucha la segunda parte y señala la respuesta correcta.

   a. La carrera más importante de tu vida es la del desarrollo:

   ○ personal.   ○ profesional.   ○ personal y profesional.

   b. Desde el comienzo de la carrera, el estudiante tiene que desarrollarse:

   ○ intelectualmente.   ○ profesionalmente.   ○ profesional e intelectualmente.

4 Responde oralmente: ¿Qué te parece más importante: la realización personal o la profesional? ¿Por qué?

¿Cómo se escribe?

El uso de los signos de puntuación – Parte II

1 Observa el uso de los signos de puntuación.

a. Los **dos puntos** sirven para llamar la atención sobre lo que se dirá a continuación. Se utilizan principalmente en las siguientes situaciones:

- Después de las fórmulas que encabezan las cartas:

   Querido Mario:
   Acabo de llegar de un viaje estupendo.

   Para anunciar lo que se dirá a continuación.

- Para introducir citas textuales:

   Como decía Sócrates: "Solo sé que no sé nada".

- Antes de una aclaración, explicación o enumeración y presentación de ejemplos:

   Solo te pido esto: que me escuches con atención.

   Antes de una aclaración.

   Las ciudades brasileñas que conozco son: São Paulo, Rio de Janeiro, Porto Alegre, Brasília y Belo Horizonte.

   Antes de una enumeración.

b. El **punto y coma** indica una pausa superior a la indicada por la coma y por eso señala un descenso en la entonación. Lo que sigue el punto y coma debe ser escrito con minúsculas. Se utiliza principalmente en las siguientes situaciones:

- Antes de las conjunciones adversativas **mas**, **pero**, **aunque**, **sin embargo** y **no obstante** en periodos muy extensos:

   Los peces, como no caminan, no pudieron bailar; pero siendo el baile a la orilla del río, los peces estaban asomados a la arena y aplaudían con la cola.

   *Antes de **pero**.*

   QUIROGA, Horacio. Las medias de los flamencos. *In*: QUIROGA, Horacio. *Cuentos de la selva*. Barcelona: Juventud, 2016.

- Para separar oraciones que se refieren al mismo sujeto, especialmente en periodos extensos:

   El pelo de Rosaura parecía de paja; una paja casi plateada, que se oscurecía junto al cráneo.

   Para separar.

   BIOY CASARES, Adolfo. La sierva ajena. *In*: BIOY CASARES, Adolfo. *Máscaras venecianas – La sierva ajena*. Madrid: Alianza, 1996.

c. Se utilizan **los paréntesis** principalmente para hacer aclaraciones dentro de las frases. Al utilizarlos se separa la observación del discurso:

> La Nieves que había hallado Javier en su desexilio era (más vieja, claro) la misma de siempre. — *Para hacer aclaraciones.*
>
> BENEDETTI, Mario. *Andamios*. Buenos Aires: Sudamericana, 2000.

2 Lee el texto y utiliza el punto y coma, los dos puntos y los paréntesis cuando sea necesario.

Consejos para superar una entrevista de trabajo

Antes de la entrevista

Investiga todo lo que puedas sobre la empresa_____ estudia detenidamente las características del puesto_____ ensaya tu postura y tus respuestas a las posibles preguntas_____ comprueba tu apariencia _____ evita ropa llamativa_____.

Antes de la entrevista, prepárate para las posibles preguntas.

Durante la entrevista

Saluda al entrevistador de manera formal_____ Buenas tardes, Sr. Ruiz_____ siéntate derecho, ni al borde de la silla _____ inseguridad_____, ni repantigado _____ falta de respeto_____; mantén contacto visual con el entrevistador, pero sin intimidar_____ no hables demasiado, ni demasiado poco_____ responde a las preguntas del entrevistador con tranquilidad_____ trata de hacer preguntas que demuestren tu interés por el puesto_____ cuáles serán tus responsabilidades y cuál es el horario de trabajo, por ejemplo.

Texto elaborado especialmente para esta obra.

¿Vamos a leer?

1. ¿Te parece difícil decidir qué estudiar? Habla con tu compañero sobre qué recursos pueden ayudarte a tomar la mejor decisión.

2. Lee la primera parte del test vocacional y observa las preguntas que se hacen.

---

https://quevasaestudiar.com/test-vocacional/test_01.php

Test vocacional

¿Cómo soy? ¿Cuáles son mis aptitudes?

1 Las personas que me conocen dicen que soy creativo y que produzco ideas originales y divertidas.
○ Sí   ○ No

2 Puedo inferir posibles desarrollos y consecuencias futuras, a partir de la observación de una situación.
○ Sí   ○ No

3 Me resulta más fácil expresar mis pensamientos, sensaciones y emociones con palabras.
○ Sí   ○ No

4 Tengo un pensamiento organizado, tiendo a armar esquemas, establecer un orden y sistematizar.
○ Sí   ○ No

5 Siempre me intereso por superar mis habilidades físicas y jugar en equipo. Siento placer realizando deportes.
○ Sí   ○ No

6 Soy capaz de captar lo que otro siente y ayudarlo a sentirse mejor.
○ Sí   ○ No

7 Tengo buena memoria y no me cuesta estudiar y retener fórmulas y palabras técnicas.
○ Sí   ○ No

8 Me salta a la vista rápidamente cuando algo no concuerda con el entorno y me resulta difícil no tenerlo en cuenta.
○ Sí   ○ No

9 Tiendo a cuestionar todo y convenzo fácilmente a otras personas sobre la validez de mis argumentos.
○ Sí   ○ No

10 Me estimula más la etapa de análisis de las cosas que su ejecución.
○ Sí   ○ No

Continuar

TEST vocacional. *Quevasaestudiar.com*. Disponible en: https://quevasaestudiar.com/test-vocacional/test_01.php. Accedido el: 18 mayo 2021.

3 Vuelve a leer la primera parte del test y escribe **V** si la afirmación es verdadera o **F** si es falsa.

a. ◯ El test vocacional determina qué profesión tienes que elegir.

b. ◯ El estudiante necesita marcar si está de acuerdo o no con la afirmación.

c. ◯ No se observa la personalidad, sino el comportamiento de los estudiantes.

d. ◯ Hay preguntas de respuesta abierta en esa etapa del test vocacional.

e. ◯ Cada afirmación describe algunos perfiles de una manera muy general.

4 Contesta a las preguntas.

a. ¿Cómo está estructurada la primera parte del test vocacional?

b. ¿Se puede decir que el test es una herramienta de autoconocimiento? ¿Por qué?

c. ¿Cómo crees que te puede ayudar un test vocacional?

5 Teniendo en cuenta el contenido del test, ¿qué significa la palabra **aptitud**?

◯ Habilidades para realizar satisfactoriamente una tarea.

◯ Conjunto de características de la personalidad.

◯ Expectativas personales y profesionales.

Test vocacional es un documento, compuesto por un conjunto de preguntas o tests, que se utiliza para ayudar a los jóvenes y adolescentes a decidir qué carrera seguir. Es un recurso muy útil que, sumado a otros recursos, le permite al estudiante reflexionar sobre sus aptitudes y características personales.

¿Cómo funciona?

Presente de subjuntivo: casos especiales

1 Completa el tablón de anuncios con los verbos en presente de subjuntivo.

Exámenes psicométricos
Necesito que me _____ ejemplos de exámenes psicométricos para empleo en las Ciencias Económicas (Economía, Administración, Contabilidad), pues quiero practicar y no llegar desprevenida. Escribe a analia@webmail.com.

Orientación psicológica en línea
Este diván puedes encontrarlo en cualquier sala de estar, cualquier despacho. Tan solo debe ser un lugar en el que te _____ cómodo, relajado y, en definitiva, que _____ tu espacio. Accede al www.divanonline.es.

Recepcionista/Telefonista
Empresa de *marketing* selecciona, para su plantilla, personal que se _____ de la centralita, recepción de clientes, envío de mensajería y demás labores administrativas propias del puesto. Favor contactarnos por el teléfono: 32 78 990.

Redacción *freelance*
Buscamos colaboradores comprometidos con los tiempos de entrega y que _____ ganas de trabajar desde casa.
El pago se realiza por artículo redactado. Envíanos tu CV a pedagogos@elcorreo.com.

Informática
Necesitamos técnicos de soporte en Excel. Pensamos en profesionales que _____ hablar inglés con fluidez y que _____ familiarizados con aplicaciones bancarias y herramientas de gestión de incidencias, así como un nivel avanzado de Excel. Escribe a nivelavanzado@mail.com.

Camareros y camareras
Se necesitan camareros chicos que _____ llevar bandeja correctamente para trabajar en discotecas de Madrid sirviendo zona VIP, y camareros chicos y chicas para trabajar en restaurantes de gran categoría sirviendo mesas.
Llama al 73 28 543.

2 Completa las tablas y observa los casos especiales de presente de subjuntivo.

	Estar	Dar	Ser
(yo)		dé	sea
(tú)	estés	des	
(usted)	esté		sea
(él / ella)	esté	dé	
(nosotros/as)		demos	seamos
(vosotros/as)	estéis		
(ustedes)		den	sean
(ellos / ellas)	estén		sean

Saber	Haber	Caber	Ir
	haya	quepa	
sepas		quepas	vayas
	haya		vaya
sepa		quepa	vaya
	hayamos	quepamos	
sepáis	hayáis		vayáis
	hayan	quepan	
sepan		quepan	vayan

3 Rellena los huecos con los verbos en presente de subjuntivo.

a. Ojalá _____ (**haber**) más oportunidades para los aspirantes.

b. Tal vez _____ (**dar**) motivo para que me contraten.

c. No creo que _____ (**ir**, **nosotras**) a la orientación vocacional esta semana.

d. Espero que _____ (**estar**, **tú**) bien preparado para la entrevista.

e. Es posible que Paula _____ (**saber**) cómo lograr su primera pasantía.

4 Relaciona las columnas y completa las frases.

a. Es estupendo qué _____ trabajando con lo que te gusta.

b. Para que no _____ dudas, les traigo todos los documentos.

c. Espero que _____ a la oficina mañana por la mañana.

d. Es útil que _____ información, para que los jóvenes _____ qué elegir.

e. No creo que _____ los únicos interesados en esa plaza.

f. Tal vez el entrevistador te _____ una respuesta esta semana.

○ haya / sepan

○ dé

○ vayáis

○ quepan

○ estés

○ seamos

5 Contesta a las preguntas utilizando las expresiones que te damos.

a. ¿Irás a la oficina el viernes?

Está bien que _____.

b. ¿Saben los empleados el porqué de las dimisiones?

Es probable que _____.

c. ¿Será usted elegido para presidir la reunión?

Quizá _____.

d. ¿Cabrán todas las carpetas en el armario?

No creo que _____.

e. ¿Te dará el puesto que le pediste?

Ojalá _____.

f. En Ciudad de México, ¿visitarás la Catedral Metropolitana?

Probablemente _____.

6 Observa la conjugación de los verbos cuyo presente de subjuntivo se forma a partir de la primera persona de singular de indicativo. Enseguida, completa las tablas.

a. 2.ª conjugación (**-er**):

Tener (pres. ind.: *tengo*)	Hacer (*hago*)	Poner (*pongo*)	Valer (*valgo*)
tenga		ponga	valga
	hagas	pongas	
tenga	haga		valga
tenga	haga	ponga	valga
	hagamos		valgamos
tengáis		pongáis	
	hagan	pongan	valgan
tengan	hagan		valgan

Caer (*caigo*)	Traer (*traigo*)	Merecer (*merezco*)	Conocer (*conozco*)
caiga	traiga	merezca	
caigas	traigas		conozcas
		merezca	conozca
caiga	traiga	merezca	conozca
	traigamos		conozcamos
caigáis		merezcáis	
	traigan		conozcan
caigan		merezcan	conozcan

Crecer (*crezco*)	Ofrecer (*ofrezco*)	Padecer (*padezco*)	Parecer (*parezco*)
crezca			parezca
	ofrezcas	padezcas	parezcas
crezca	ofrezca		
crezca		padezca	parezca
crezcáis	ofrezcáis	padezcáis	parezcáis
	ofrezcan	padezcan	
crezcan			parezcan

b. 3.ª conjugación (**-ir**):

Salir (*salgo*)	Decir (*digo*)	Venir (*vengo*)	Oír (*oigo*)
	diga		oiga
salgas		vengas	
salga	diga		oiga
		venga	
salgamos		vengamos	oigamos
	digáis		
salgan		vengan	oigan
	digan		oigan

Traducir (*traduzco*)	Conducir (*conduzco*)	Producir (*produzco*)
traduzca		produzca
	conduzcas	
traduzca		produzca
	conduzca	
traduzcamos		produzcamos
	conduzcáis	
traduzcan		produzcan
	conduzcan	

Inducir (*induzco*)	Deducir (*deduzco*)	Introducir (*introduzco*)
	deduzca	
induzcas		introduzcas
	deduzca	
induzca		introduzca
	deduzcamos	
induzcáis		introduzcáis
	deduzcan	
induzcan		introduzcan

7 Contesta a las preguntas utilizando las expresiones del recuadro.

| es conveniente que | probablemente | tal vez | es bueno que | quiero que |
| es probable que | no creo que | dudamos que | quizá | es posible que | ojalá |

a. ¿Saldrás más temprano de la oficina?

b. ¿Harás el trabajo hasta el viernes?

c. ¿Oirán los empleados el consejo del jefe?

d. ¿Saldrán mañana?

e. ¿Traducirás el texto hasta el lunes?

f. ¿Vendréis en coche?

8 Reescribe las frases según el ejemplo.

Conozco a esa persona que se presentó al puesto.
Tal vez conozca a esa persona que se presentó al puesto.

a. Conduzco el coche hasta la oficina.

b. Julia tiene muchos libros en la estantería.

c. Ponemos la comida en la nevera.

d. Traigo mi *curriculum vitae* el lunes.

e. Le ofrezco mi ayuda para que termine el trabajo.

f. Él no se merece lo que le está pasando.

g. Reconocéis que vuestra actitud no fue la más correcta.

Sufijos aumentativos, diminutivos y despectivos

1 Escucha la presentación de Juana y completa los huecos con las palabras que faltan.

¡Hola a todos! Me llamo Juana, soy ingeniera mecánica y especialista en impresión 3D. Actualmente trabajo en una empresa que produce prótesis para animales. Con la impresión 3D se pueden hacer cosas increíbles, como una prótesis para reemplazar la _____ de un _____, un caparazón para una _____, una _____ de ruedas para un _____ que no puede mover las patas, un nuevo _____ para un tucán herido, _____ nuevos para una _____ que se accidentó, o incluso una _____ para un _____ sin hogar. Las posibilidades son infinitas y ese tipo de impresión puede mejorar mucho la vida de los _____. ¡Me siento muy orgullosa de mi profesión!

La tortuga Cleopatra (a la derecha), cuyo caparazón está deformado debido a la desnutrición, lleva un caparazón protésico impreso en 3D.

2 Distribuye en el cuadro, según convenga, las palabras que has escrito en los huecos de la actividad anterior.

Aumentativos	
Diminutivos	

3 Junta los sustantivos a los sufijos y forma los respectivos aumentativos.

   a. hombre (**-ón**) _____

   mujer (**-ona**) _____

   b. animal (**-azo**) _____

   cara (**-aza**) _____

   c. libro (**-ote**) _____

   cabeza (**-ota**) _____

   macho (**-ote**) _____

> En general, los sufijos **aumentativos** expresan mayor tamaño o intensidad. Sin embargo, en algunos contextos, pueden tener un valor despectivo, como es el caso de *librote*, *cabezota* y *machote*. Por ejemplo: Jorge es **un cabezota**. La palabra **cabezota** en la frase no significa cabeza grande, pero sí indica que a Jorge cuando se le mete una idea en la cabeza no hay manera de hacerle cambiar de opinión.

4 Une los sustantivos a los sufijos y forma los respectivos diminutivos.

   a. árbol (**-ito**) _____

   jaula (**-ita**) _____

   b. café (**-cito**) _____

   joven (**-cita**) _____

   c. pez (**-ecito**) _____

   flor (**-ecita**) _____

   d. chico (**-illo**) _____

   casa (**-illa**) _____

   e. altar (**-cillo**) _____

   joven (**-cilla**) _____

   f. pan (**-ecillo**) _____

   hierba (**-ecilla**) _____

   g. árbol (**-ico**) _____

   letra (**-ica**) _____

   h. rapaz (**-uelo**) _____

   chica (**-uela**) _____

> Los sufijos **diminutivos** indican, por lo general, menor tamaño de los objetos, personas, etc. En algunos contextos también pueden indicar afectividad, poca importancia o menosprecio. Ejemplos: *Me voy a mi **casita*** (afectividad). *Está allí con sus **amiguetes*** (menosprecio). *No es más que un **hombrecillo*** (poca importancia).

5 Escribe una frase con

   a. dos palabras en aumentativo:

   _____

   b. dos palabras en diminutivo:

   _____

¿Vamos a producir?

Carta de presentación

La carta de presentación es un documento escrito, bastante común en el mundo laboral, donde el aspirante a determinado programa de iniciación profesional o puesto de trabajo se presenta y explica las motivaciones que le despiertan el interés por la plaza o el programa de formación.

Es un género que mantiene la estructura de la carta formal, que utiliza un lenguaje objetivo y cuidado, organizado en párrafos con los siguientes temas: interés por la plaza o por el programa de formación, presentación del desempeño escolar, descripción de las aptitudes y conocimientos, expectativas y firma.

Joaquín González Ortega
Calle de la Providencia, 345
58573 Barcelona
(+34) 987 654 321

Madrid, 10 de abril de 2022

Estimados señores:

Les escribo para expresar mi interés en postular al Programa de Formación de Jóvenes Aprendices de esta prestigiada institución, en respuesta a la apertura de plazas para este año.

Estoy regularmente matriculado en 9.º grado y siempre he tenido un desempeño escolar muy satisfactorio, como lo pueden verificar en mi expediente. He participado de proyectos de iniciación científica, eventos de orientación profesional junto a profesores, coordinadores y orientadores del colegio. Además, me gustaría empezar a desarrollarme profesionalmente en uno de los programas de esa renombrada organización.

Con respecto a mis aptitudes, soy bastante organizado y comprometido con los estudios y estoy abierto a nuevas experiencias. Estoy estudiando inglés y francés, además de interesarme por algunos programas informáticos básicos.

Espero tener la oportunidad de hablar con ustedes y exponerles personalmente mi deseo de formar parte del programa de formación de Jóvenes Aprendices. Quedo a su disposición para aclarar cualquier información que sea necesaria.

Un cordial saludo.

Joaquín González Ortega

Ahora, sigue las etapas para preparar tu carta de presentación profesional.

Preparación

1. Decidiste postular a un programa de formación de jóvenes aprendices y necesitas escribir una carta de presentación. Antes de hacerlo, organiza la información.

Programa de interés: Mi primer empleo	
Datos personales	Nombre: Teléfono: Dirección:
Encabezamiento	Ciudad: Fecha:
Presentación	
Motivación	
Aptitudes y conocimientos	
Cierre y despedida	

2. Verifica si los datos son suficientes para la elaboración de la carta.

Producción

1. Escribe en el cuaderno una carta de presentación con base en los datos de la etapa anterior.
2. Escribe tus datos personales, la fecha y la ciudad y utiliza un saludo formal.
3. En el primer párrafo, informa como vas en el colegio y explica tu motivación en postular a la vacante.
4. Escribe uno o dos párrafos más con la descripción de tus aptitudes y conocimientos.
5. Escribe una despedida formal y firma la carta.

Revisión

1. Intercambia la carta con un compañero. Echa un vistazo a lo que ha escrito y haz las correcciones necesarias.
2. Devuélvele a tu compañero la carta que has corregido y revisa las correcciones que ha hecho en tu texto.

Versión final

1. Utiliza una herramienta de edición de texto y escribe la versión definitiva.
2. Presenta tu carta a tus compañeros:
   - Organícense en grupos: algunos grupos serán de evaluadores y otros grupos serán de candidatos.
   - Un grupo de evaluadores debe juntarse con un grupo de candidatos. Los candidatos deben presentar sus cartas a la comisión de evaluadores.
   - Los evaluadores decidirán qué cartas presentan los perfiles más interesantes.

¡Entérate!

El trabajo infantil

La Declaración Universal de los Derechos Humanos hace hincapié en que toda persona tiene derecho a la educación. Sin embargo, el trabajo infantil todavía representa una clara violación de esos derechos, sobre todo cuando se trata de niños y adolescentes. ¿Cómo crees que se puede erradicar el trabajo infantil? Lee el texto para enterarte del tema.

Trabajo infantil: casi un millón de niños son explotados en Guatemala, ¿cuáles son los retos del país?

Edgar Quiñónez
12 mayo, 2021

[…] Según el Fondo de las Naciones Unidas para la Infancia (Unicef), **más de 160 millones de niños y niñas en el mundo son explotados**. En Guatemala, cerca de 900.000 menores realizan algún tipo de trabajo, lo cual representa el 17% de esta población.

Este 2021 ha sido declarado por la Asamblea de las Naciones Unidas como el Año Internacional para la erradicación del Trabajo Infantil. Para ello, la organización invitó a los Estados Miembros a "adoptar medidas inmediatas y eficaces para erradicar el trabajo forzoso".

El **trabajo infantil** priva a los niños de su potencial y dignidad, lo cual les impide tener una infancia plena. Esto es algo perjudicial para su desarrollo físico y mental. Además, interfiere con la oportunidad de asistir a la escuela y acceder a una educación de calidad.

[…]

Niño trabajando en la construcción.

QUIÑÓNEZ, Edgar. Trabajo infantil: casi un millón de niños son explotados en Guatemala, ¿cuáles son los retos del país? *República*, 12 mayo 2021. Disponible en: https://republica.gt/2021/05/12/trabajo-infantil-casi-un-millon-de-ninos-son-explotados-en-guatemala-cuales-son-los-retos-del-pais/. Accedido el: 20 mayo 2021.

1 ¿Cuáles son las cifras del trabajo infantil en el mundo y en Guatemala?

2 Según el texto, ¿qué problemas pueden tener los niños que son obligados a trabajar?

3 ¿Cómo crees que puedes ayudar a combatir el trabajo infantil?

Sigue explorando

Jóvenes emprendedores

Para muchos adolescentes, saber qué carrera seguir o lograr el primer empleo puede ser una tarea difícil. Sin embargo, la participación en programas escolares de iniciación científica y la inversión en cursos especiales de formación juvenil pueden despertarles la curiosidad, la creatividad, el interés y el espíritu emprendedor. Conoce a dos estudiantes jóvenes emprendedores de España y de Chile.

Julieta Martínez

A los 15 años, la adolescente chilena Julieta Martínez creó una plataforma para conectar a todos los que, así como ella, buscan actuar de forma activa para mejorar el mundo.

Julián Fernández

Desde muy pequeño, el adolescente español Julián Fernández empezó a interesarse por el espacio y recientemente ha creado una *startup* de tecnología aeroespacial.

Ahora, investiga a otros jóvenes emprendedores de países hispanohablantes y elige el que más te llama la atención para presentarlo en clase:

- Busca información en Internet.
- Selecciona imágenes, audios y/o videos del(de la) emprendedor(a) elegido(a).
- Organiza tu investigación en una presentación para compartir con tus compañeros.

Para explorar más

- CNTV Infantil. Cómo funciona un robot | Experimenta, ciencia de niñ@s. Disponible en: www.youtube.com/watch?v=0bV11fYqbO8. Accedido el: 7 jun. 2021.

  En ese video acompañas la visita de Viti a dos científicos expertos en robótica y descubres con ella como se diseña y se programa un robot.

- MIRÁS, Enara Villán; RUIZ, Daniel Hernández. Vocabulario de las profesiones en español. *Profe de ELE*, 9 mayo 2020. Disponible en: www.profedeele.es/actividad/vocabulario/profesiones-trabajos/. Accedido el: 7 jun. 2021.

  En el sitio encuentras diversas actividades para entrenar el vocabulario relacionado a las profesiones.

- VARIAS autoras. *No me cuentes cuentos*: 100 mujeres españolas que cambiaron el mundo y el cuento. Barcelona: Montena, 2019.

  Conoce la historia de cien mujeres españolas que, con los más distintos oficios y vocaciones, han sido importantes para cambiar el mundo.

UNIDAD 3

CONSUMO RESPONSABLE

La Feria de San Telmo, en Buenos Aires, Argentina.

- ¿Qué tipo de comercio retrata la imagen? ¿Dónde está ubicado?

- ¿Conoces otras ferias o centros de compras de productos de segunda mano? ¿Cuáles y dónde?

- En tu opinión, ¿necesitamos cambiar nuestras prácticas de consumo? ¿Por qué?

Vivimos en una sociedad que favorece el consumo compulsivo y somos frecuentemente bombardeados con anuncios publicitarios. Sin embargo, para permitir que las futuras generaciones disfruten un entorno sostenible, tenemos que repensar nuestras prácticas. ¿Te animas a conocer un poco más del consumo responsable?

¿Cómo se dice?

1 ¿Eres consciente de tu consumo? Lee y escucha los artículos a continuación.

Texto 1

El consumo

Hace ya algunos años que el vivir a plazos se consolidó como una solución para que muchos consumidores pudiesen conseguir algunos bienes de consumo, como la televisión, el ordenador, la nevera, la moto, el coche, el piso, etc.

La facilidad del "compre ahora y pague después" nos llevó a pagar un precio muy alto y a un sacrificio mensual que resultó en la tiranía de las compras a plazos.

Los bancos, para conceder créditos, siempre se aseguran de que los clientes vayan a pagar y les exigen todo un papeleo, avales y, con la solicitud, la justificación del sueldo del acreedor.

También las tarjetas de crédito y débito que miles de ciudadanos utilizan para comprar y pagar son otra facilidad que puede transformarse en una trampa, si el consumidor no sabe cómo administrarlas.

Hoy lo más sencillo y cómodo es comprar sin salir de casa a través del teléfono o de Internet. Este tipo de compra, muchas veces, tiene sus inconvenientes, porque algunos artículos no son lo que parecen en la propaganda o también llegan con retraso en la entrega.

¿Hay que consumir? Sí, claro, hay que consumir, pero con cierta moderación y sin dejarse engañar. Siempre comprar lo necesario, buscar precios y no correr detrás de una ilusión pasajera.

Hay que aprender a vivir mejor con menos, pues el dinero debe estar al servicio de la persona, y no la persona al servicio del dinero.

Texto elaborado especialmente para esta obra.

Texto 2

QUINO. *Toda Mafalda*. Buenos Aires: Ediciones de la Flor, 2000.

Texto 3

`www.greenpeace.org/mexico/blog/9316/consumismo-el-fenomeno-que-pone-en-jaque-al-planeta/`

Consumismo: el fenómeno que pone en jaque al planeta

Greenpeace México • diciembre 6, 2020

Si miras a tu alrededor es fácil darse cuenta de que los seres humanos estamos siempre consumiendo. Ya sea para comer, vestirnos, desplazarnos, trabajar, entretenernos; al final, los productos y servicios nos permiten cumplir con nuestras actividades, pero dejamos, a la par, una huella ambiental. Especialmente cuando consumimos más de lo que realmente necesitamos y de lo que el planeta puede proveer.

Hablar de consumismo es tocar el tema del desequilibrio que existe entre lo que producimos, consumimos y desechamos en relación con su impacto en el ambiente. En los años recientes, se ha identificado que extraemos recursos naturales a nivel global en un 50% más que tan solo hace 30 años.

Puede pensarse que el consumo de recursos es inevitable para nuestra supervivencia, sin embargo, hay una diferencia entre el consumo necesario y vital y el consumismo, es decir, la tendencia por acumular y reemplazar vorazmente bienes y servicios, que incluyen muchos productos no esenciales o que son el resultado de necesidades inventadas con fines de aceptación social.

Para 2050, la población humana crecerá a 9 mil 600 millones, es decir, poco más de 3 mil millones de personas más, lo cual es insostenible con nuestro ritmo actual de consumo.

[...]

CONSUMISMO: el fenómeno que pone en jaque al planeta. *Greenpeace México*, 6 dic. 2020. Disponible en: www.greenpeace.org/mexico/blog/9316/consumismo-el-fenomeno-que-pone-en-jaque-al-planeta/. Accedido el: 23 mayo 2021.

2 Señala verdadero (**V**) o falso (**F**) según los tres textos.

a. ◯ Es importante que aprendamos a distinguir consumo de consumismo.

b. ◯ La televisión y la publicidad no influencian los hábitos de compra de los consumidores.

c. ◯ Algunas de las comodidades del mundo moderno, como las tarjetas de crédito y las tiendas virtuales, pueden convertirse en inconvenientes.

d. ◯ Hay que consumir, pero de manera equilibrada.

e. ◯ Lo ideal es que las personas estén siempre en función del dinero.

f. ◯ Muchas veces se utilizan informaciones erróneas o exageraciones para vender un producto.

3 Ahora contesta a las preguntas sobre los textos.

a. Según el **texto 1**, ¿cuáles son las ventajas y los inconvenientes del modelo actual de consumo?

b. ¿Cómo se debe consumir? ¿Por qué?

c. En el **texto 2**, ¿cuál es el motivo de la indignación de Mafalda?

d. ¿Por qué Manolito le dice a Mafalda que tendrá que taparse los ojos?

e. De acuerdo con el **texto 3**, ¿cuál es la diferencia entre consumo y consumismo?

f. ¿Por qué el consumismo es perjudicial?

g. ¿Qué tienen en común los tres textos?

4 Contesta oralmente.

a. ¿Te parece bien vivir a plazos? ¿Por qué?

b. ¿Crees que el consumismo nos puede convertir en dependientes?

El consumo

1 Mira las imágenes y escribe el recurso o servicio que es consumido.

> alimentos electricidad aparatos electrónicos
> contenidos televisivos vestimenta recursos naturales

a.

b.

c.

d.

e.

f.

2 Piensa en tu rutina y escribe tres ejemplos de servicios o productos que consumes para cada tema.

Electricidad			
Alimentos			
Recursos naturales			
Tecnología			
Vestuario			

3 Relaciona el vocabulario de consumo con su definición.

a. Recibo ◯ Cantidad de dinero o cosas que se deja de gastar.
b. Residuos ◯ Persona o empresa que produce algún producto.
c. Productor ◯ Información que viene pegada a los productos.
d. Envase ◯ Recipiente que se utiliza para almacenar algo.
e. Etiqueta ◯ Documento que certifica la compra de algún producto.
f. Ahorro ◯ Sobras o materiales que ya no tienen más utilidad.

4 Completa las frases con las palabras de la actividad anterior.

a. La _____ de los alimentos informa sobre la conservación del producto.

b. Los pequeños _____ se vieron afectados por las fuertes lluvias.

c. Siempre pido y guardo el _____ de todo lo que compro.

d. El _____ de energía tiene un impacto positivo en el medio ambiente.

e. Un grupo de estudiantes está recogiendo _____ para reciclar.

f. Cuanto más consumimos, más _____ producimos.

5 ¿Cómo nuestro modelo de consumo impacta la vida en el planeta? Mira la imagen y discútelo con tu compañero.

Pez nada en mar contaminado de basura.

¿Entiendes lo que oyes?

1 ¿Sueles revisar tu ropero? ¿Qué haces con la ropa que ya no te sirve más? Habla con tus compañeros.

2 Escucha la grabación y completa el texto con las palabras que faltan.

Estar a la moda y cuidar el planeta

¿Alguna vez has abierto tu _____ y te has dado cuenta de la cantidad de ropa que no utilizas más? Parece una tontería, pero, con el paso del tiempo, se nos olvidan los _____ que nos regalaron, la chaqueta que ya no está _____ o incluso la camiseta que necesita un _____.

Cada vez más discutimos los _____ del consumo de ropa y accesorios, pero siempre nos planteamos la siguiente pregunta: ¿por dónde empezar? Pequeñas acciones en tu casa pueden ayudarte a dar el primer paso para hacerte un consumidor más responsable. Limpia tu ropero a menudo y separa lo que realmente _____ y te gusta. Aquella camiseta que está en el _____ del cajón a lo mejor ya no la quieres más. Lo que está _____ o le falta un botón lo puedes arreglar. Usa la creatividad para reinventar tu ropero y tener prendas que nadie va a encontrar en ninguna _____. Dona lo que ya no quieres más; seguro que mucha gente va a ponerse contenta con esta _____ responsable y consciente. Pero si aun así tienes ganas de _____ tu ropero para la próxima estación, visita tiendas de productos de segunda mano. Vas a gastar mucho menos y cuidar el planeta. ¡Anímate! Hacerte más _____ está más cerca de lo que te imaginas.

Texto elaborado especialmente para esta obra.

Chiociolla/Shutterstock

3 Señala la respuesta correcta.

a. El texto nos sugiere que:

○ revisemos y limpiemos nuestro ropero a menudo.

○ nos olvidemos de la ropa que está en cajones.

○ vendamos lo que tenemos para comprar más.

b. Un paso importante para hacernos más responsables es:

○ comprar lo básico cada estación.

○ donar lo que ya no nos sirve más.

○ separar las prendas más caras que tenemos.

c. Cuando usas la creatividad para reinventar tu ropero:

○ toda tu ropa tiene el mismo estilo.

○ tienes prendas únicas y personalizadas.

○ consumes cada vez más accesorios diferentes.

4 Contesta a las preguntas.

a. ¿Qué recomendaciones se presentan para el consumo responsable?

_____
_____
_____
_____

b. ¿Qué cambio de hábito puede hacerte un consumidor más responsable si aún quieres salir de compras?

_____
_____
_____
_____

5 Discute oralmente con tu compañero.

a. ¿Crees que los adolescentes son consumidores responsables? ¿Por qué?

b. ¿Qué impactos ambientales y sociales puede tener el consumo irresponsable de ropa y accesorios?

c. ¿Cómo puedes ayudar a reducir esos impactos?

¿Cómo se escribe?

El uso de los signos de puntuación – Parte III

1 Observa la utilización de los signos de puntuación.

a. Las **comillas** se utilizan en las siguientes situaciones:

- Para reproducir citas textuales:

    El reportero dijo: "El Día Sin Compra es una idea muy simple que consiste en retar a nuestra sociedad de consumo a no comprar durante un día".

    El estudio aporta información de que "para proteger el medio ambiente podemos evitar comprar nuevos productos mediante la reutilización o intercambio de lo que tenemos en casa". — *Para destacar frases.*

- Al principio y al final de títulos de artículos, poemas y cuadros, para destacar frases, etc.:

    "Los costos de salud de las enfermedades atribuibles a la contaminación ambiental habrían sido de 9 mil 989 millones de pesos."

- Para marcar el énfasis sobre una palabra, o cuando se aclara el significado de una palabra:

    "Despilfarrar" quiere decir, en portugués, "*esbanjar*".

    "Popotes" en portugués se lo dice "*canudos*". — *Para aclarar el significado de una palabra.*

b. Los **signos de interrogación** (¿?) se ponen al principio y al final de las frases interrogativas:

¿Qué tiene de malo comprar?

¿Qué puedo hacer? — *Para destacar frases interrogativas.*

¿Que sé yo?

c. Los **signos de exclamación** (¡!) se ponen al principio y al final de las frases admirativas y exclamativas y acompañan siempre a las interjecciones:

¡Qué coche estupendo! — *Para destacar frases admirativas y exclamativas.*

¡Ah!

¡Que guay! — *Para acompañar interjecciones.*

2 Lee la publicación de una red social y escribe los signos de puntuación que faltan.

ROSA27

¿CÓMO CONSUMIR DE FORMA SOSTENIBLE?

En el diccionario de la Real Academia Española, la palabra "sostenible" está definida de la siguiente manera: "Que se puede mantener durante largo tiempo sin agotar los recursos o causar grave daño al medio ambiente". Consumir de forma sostenible es, por lo tanto, buscar que la producción, adquisición y descarte de los objetos ocurran de manera respetuosa con el medio ambiente, siguiendo un modelo que se pueda reproducir a largo plazo.

El consumo sostenible puede parecer algo complejo de alcanzar, pero, en realidad, se basa en actitudes muy sencillas. Solo requiere un poco de coherencia y voluntad de cambiar algunas de las costumbres arraigadas en nuestro cotidiano. ¡Te lo aseguro que vale la pena!

El paso más importante en ese proceso es aprender a reducir la cantidad de productos adquiridos, ya que si dejamos de comprar un objeto innecesario evitamos la contaminación generada por su producción y transporte, además de disminuir la cantidad de residuos desechados. Siempre que vayas a hacer una compra, hazte la pregunta: ¿lo necesito?

Seguro que muchas veces la respuesta va a ser negativa. Como dice el dicho: "El buen seso huye de todo exceso". Otra importante actitud es reutilizar las cosas antes de descartarlas. ¡Sé creativo! En Internet, por ejemplo, hay miles de ideas para reutilizar todo tipo de residuos.

¿Qué tal empezar hoy a cambiar tus hábitos de consumo?

Texto elaborado especialmente para esta obra.

¿Vamos a leer?

1 ¿Ya has tenido una sorpresa con la compra de un producto? Mira las imágenes y comenta con tu compañero qué les pudo haber pasado a esas personas.

a.

b.

2 Mira la lista y marca el (los) problema(s) que ya has tenido. Luego comenta con tu compañero cómo lo(s) has solucionado.

○ No me gustó el producto que compré.

○ Compré algo por impulso y luego me arrepentí.

○ Tardaron en entregarme el producto.

○ El producto era más caro de lo que anunciaban.

○ Me cobraron por un servicio más sin avisarme.

○ No me llegó lo que había pedido.

○ El producto no correspondía con el anuncio.

○ La mercancía llegó estropeada.

3 Lee el fragmento de la guía y conoce algunos de los derechos y deberes del consumidor.

https://www.centrodemediacionyjusticia.cl/derechos-consumidor.php

¿Cuáles son los derechos, deberes y responsabilidades del consumidor?

[...]

1. Derecho a la libre elección del bien o servicio.

Realizar las operaciones de consumo en el comercio establecido, pidiendo la boleta como respaldo.

Mantener siempre una actitud alerta al comprar, examinando con atención los precios y la calidad de los bienes o servicios.

Hacer valer su derecho a la libre elección en todos sus actos de consumo.

Denunciar cualquier hecho que limite el acceso libre a cualquier tipo de producto o servicio.

2. Derecho a una información veraz y oportuna sobre los bienes y servicios ofrecidos, su precio, condiciones de venta y otras características relevantes.

Deber de informarse responsablemente.

Exigir la información que le permita comparar y realizar elecciones fundadas, ya sea en precios, condiciones de contratación, sistemas de rotulación.

Leer contratos, etiquetas y rotulados antes de comprar.

Analizar críticamente la publicidad.

3. Derecho a no ser discriminado arbitrariamente por parte de los proveedores de bienes y servicios.

Exigir un trato digno y respetuoso.

Promover conductas de no discriminación.

4. Derecho a la seguridad en el consumo de bienes o servicios, a la protección de la salud y del medio ambiente.

Evitar los riesgos que puedan afectarle.

Adoptar las medidas para evitar riesgos derivados del uso de bienes o servicios.

[...]

Leer y entender las instrucciones de lo que se consumirá.

Cumplir indicaciones para el uso seguro del bien o servicio.

Elegir aquellos bienes y servicios que garanticen la seguridad y el cuidado del medio ambiente.

5. Derecho a la reparación e indemnización adecuada y oportuna de todos los daños materiales y morales en caso de incumplimiento a lo dispuesto en esta ley.

Accionar de acuerdo a los medios que la ley franquea.

No hacer denuncias temerarias en contra de proveedores, sin fundamentos.

Recurrir en primera instancia a una resolución del conflicto con el propio proveedor.

6. Derecho a la educación para un consumo responsable.

Celebrar operaciones de consumo con el comercio establecido. Buscar los medios para tener educación que permita ejercer un consumo responsable.

¿CUÁLES son los derechos, deberes y responsabilidades del consumidor? *Centro de Mediación y Justicia*, Santiago de Chile. Disponible en: www.centrodemediacionyjusticia.cl/derechos-consumidor.php. Accedido el: 22 mayo 2021.

4 Escribe verdadero (**V**) o falso (**F**) de acuerdo con la guía del consumidor.

a. ◯ Para reparaciones o indemnizaciones, el consumidor debe intentar resolverlo primeramente con el propio proveedor.

b. ◯ El consumidor tiene el deber de buscar los medios para tener una educación que le permita ejercer un consumo responsable.

c. ◯ Al efectuar una compra, no hace falta que el consumidor pida la boleta.

d. ◯ El consumidor tiene el derecho a la libre elección del bien o servicio.

e. ◯ El consumidor nunca debe exigir informaciones que le permitan comparar y realizar elecciones fundadas.

5 ¿Qué se debe hacer en estas situaciones? Discútelas con tus compañeros y después escribe qué harías.

a. Estás en el súper y encuentras algunos productos con envases dañados y otros con el plazo de caducidad expirado.

_____
_____
_____
_____
_____
_____

b. Recibes un folleto con ofertas, pero, al llegar a la tienda, los precios son distintos a los anunciados.

_____
_____
_____
_____
_____
_____

6 ¿Qué significa la palabra destacada en el fragmento?

Derecho a una información **veraz** y oportuna sobre los bienes y servicios ofrecidos […].

◯ honesta   ◯ injusta   ◯ rápida

> La **guía del consumidor** es un libro o manual, físico o digital, compuesto de texto escrito y lenguaje informativo. Ese documento reúne información legal, como derechos y deberes, recomendaciones y artículos de interés a comerciantes y consumidores.

¿Cómo funciona?

Pretérito imperfecto de subjuntivo (verbos regulares)

1 Observa los verbos destacados y relaciona las frases a los significados correspondientes.

1. Ojalá todas las personas **usaran** bolsas reutilizables.
2. Si **dejásemos** de producir basura, preservaríamos la biodiversidad.
3. La gente empezó a comprar descontroladamente por miedo a que se **acabaran** los productos.

◯ Transmitir una información.

◯ Expresar un deseo.

◯ Hablar de una acción poco probable.

2 Completa el diálogo. Después, escúchalo y comproba si lo has hecho correctamente.

desperdiciaran estoy parecieron tendrían cansarías tuviera tendría creo estaban son (2) vienes necesitaba está gané compré iban corrieras

María _____ tan cansada...

Lilian Si no _____ tanto, no te _____ de esa manera. ¡Todavía _____ las 7 de la mañana!

María La realidad es que, si _____ más tiempo libre entre semana, no _____ que hacer las cosas con tanta prisa.

Lilian ¿Y de dónde _____?

María De la feria. _____ comprar algunas frutas y verduras, pues la nevera _____ vacía.

Lilian ¿_____ buenos los precios?

María Los precios me _____ razonables. _____ frutas y verduras de temporada porque _____ más ricas y baratas. También _____ algunas hojas de remolacha que _____ a tirar a la basura.

Lilian ¡Qué absurdo! Si las personas no _____ las hojas y los tallos de los vegetales, _____ que _____ una alimentación más variada.

3 Distribuye los verbos del diálogo de la actividad anterior en el recuadro según convenga.

Indicativo				Subjuntivo
Presente	Pretérito perfecto simple	Pretérito imperfecto	Condicional	Pretérito imperfecto
estoy	parecieron	necesitaba	cansarías	corrieras

4 El pretérito imperfecto de subjuntivo se obtiene de la tercera persona del plural del pretérito perfecto simple de indicativo. Basta con eliminar la terminación **-ron** y poner en su lugar la forma **-ra** o **-se**. Completa el recuadro.

> Existen dos formas de pretérito imperfecto de subjuntivo: la que termina en **-ra** y la que termina en **-se**.

		Estudiar (*estudiaron*)	Beber (*bebieron*)	Recibir (*recibieron*)
Si	(yo)	estudia**ra**(**se**)		
	(tú)			recibie**ras**(**ses**)
	(usted)		bebie**ra**(**se**)	
	(él / ella)		bebie**ra**(**se**)	
	(nosotros/as)	estudiá**ramos**(**semos**)		recibié**ramos**(**semos**)
	(vosotros/as)		bebie**rais**(**seis**)	
	(ustedes)			recibie**ran**(**sen**)
	(ellos / ellas)	estudia**ran**(**sen**)		

5 Utiliza las dos formas del pretérito imperfecto de subjuntivo y completa las frases.

a. Si _____ (**pensar**) más en los estudios, ahora no estaríamos preocupados.

b. Si _____ (**perder**) el autobús aquel día, el jefe me echaría una bronca.

c. Si _____ (**correr**), no perderías el tren.

d. Si los aspirantes _____ (**escribir**) bien, serían contratados.

6 Rellena los huecos del texto con los verbos indicados entre paréntesis en pretérito imperfecto de subjuntivo.

La semana pasada vi en la revista un anuncio de una crema hidratante que quitaba las arrugas. ¡Si _____ (**ver, tú**) lo contento que me puse! Llamé por teléfono y pedí que me _____ (**mandar, ellos**) un folleto. Me dijeron que solo lo mandarían si yo _____ (**comprar**) el producto y _____ (**enviar**) el cheque. No me lo pensé dos veces: les dije que sí, que lo compraría.

Pues anteayer llegó el dichoso producto. Me hizo mucha ilusión que _____ (**llegar**) justo el día de la fiesta de mi trabajo. Pensé en cómo sería bueno si la crema me _____ (**esconder**) algunas arruguitas que tengo alrededor de los ojos. ¡Pues nada! Me la pasé dos horas antes de salir. Al poco rato me entró un picor por toda la cara; se me hincharon los ojos. Entonces, llamé al señor que me vendió el producto, y me recomendó que no _____ (**pasar**) más la crema y que _____ (**tomar**) un medicamento para la alergia. Me dio tanta rabia que le pedí que me _____ (**devolver**) el cheque; pero él se negó. Total: perdí la fiesta, el dinero, la crema y sigo con las arrugas...

7 Forma frases utilizando las palabras del recuadro.

Pedí que	(ustedes)	habláramos menos.
Les dijimos que	(nosotros)	jugasen en el patio.
Ordenó que	(él)	firmara el recibo.
Solicitasteis que	(vosotros)	cantaseis más alto.
Prohibieron que	(ellos)	compraran el pan.

_____
_____
_____
_____
_____
_____
_____
_____
_____

Pretérito imperfecto de subjuntivo (verbos irregulares)

1 El pretérito imperfecto de subjuntivo de los verbos irregulares también deriva de la tercera persona del plural del pretérito perfecto simple de indicativo. Observa y completa las tablas.

a. 1.ª conjugación (**-ar**):

		Dar (*dieron*)	Andar (*anduvieron*)	Estar (*estuvieron*)
Si	(yo)	die**ra**(**se**)	anduvie**ra**(**se**)	
	(tú)		anduvie**ras**(**ses**)	estuvie**ras**(**ses**)
	(usted)	die**ra**(**se**)		estuvie**ra**(**se**)
	(él / ella)		anduvie**ra**(**se**)	
	(nosotros/as)	dié**ramos**(**semos**)		estuvié**ramos**(**semos**)
	(vosotros/as)	die**rais**(**seis**)	anduvie**rais**(**seis**)	
	(ustedes)		anduvie**ran**(**sen**)	estuvie**ran**(**sen**)
	(ellos / ellas)	die**ran**(**sen**)		estuvie**ran**(**sen**)

b. 2.ª conjugación (**-er**):

		Hacer (*hicieron*)	**Querer** (*quisieron*)	**Saber** (*supieron*)
Si	(yo)		quisie**ra**(**se**)	
	(tú)	hicie**ras**(**ses**)		supie**ras**(**ses**)
	(usted)		quisie**ra**(**se**)	
	(él / ella)	hicie**ra**(**se**)		supie**ra**(**se**)
	(nosotros/as)		quisié**ramos**(**semos**)	
	(vosotros/as)	hicie**rais**(**seis**)		supie**rais**(**seis**)
	(ustedes)		quisie**ran**(**sen**)	
	(ellos / ellas)	hicie**ran**(**sen**)	quisie**ran**(**sen**)	supie**ran**(**sen**)

		Poner (*pusieron*)	**Traer** (*trajeron*)	**Ser** (*fueron*)
Si	(yo)		traje**ra**(**se**)	fue**ra**(**se**)
	(tú)	pusie**ras**(**ses**)		fue**ras**(**ses**)
	(usted)		traje**ra**(**se**)	
	(él / ella)	pusie**ra**(**se**)		fue**ra**(**se**)
	(nosotros/as)		trajé**ramos**(**semos**)	
	(vosotros/as)	pusie**rais**(**seis**)		fue**rais**(**seis**)
	(ustedes)		traje**ran**(**sen**)	fue**ran**(**sen**)
	(ellos / ellas)	pusie**ran**(**sen**)	traje**ran**(**sen**)	

		Caer (*cayeron*)	**Creer** (*creyeron*)	**Leer** (*leyeron*)
Si	(yo)		creye**ra**(**se**)	leye**ra**(**se**)
	(tú)	caye**ras**(**ses**)		
	(usted)		creye**ra**(**se**)	leye**ra**(**se**)
	(él / ella)	caye**ra**(**se**)		leye**ra**(**se**)
	(nosotros/as)	cayé**ramos**(**semos**)	creyé**ramos**(**semos**)	
	(vosotros/as)		creye**rais**(**seis**)	leye**rais**(**seis**)
	(ustedes)	caye**ran**(**sen**)		leye**ran**(**sen**)
	(ellos / ellas)		creye**ran**(**sen**)	

c. 3.ª conjugación (**-ir**):

		Venir (*vinieron*)	Decir (*dijeron*)	Reducir (*redujeron*)
Si	(yo)	viniera(se)		redujera(se)
	(tú)	vinieras(ses)	dijeras(ses)	
	(usted)	viniera(se)	dijera(se)	redujera(se)
	(él / ella)		dijera(se)	redujera(se)
	(nosotros/as)	viniéramos(semos)		redujéramos(semos)
	(vosotros/as)		dijerais(seis)	
	(ustedes)	vinieran(sen)		redujeran(sen)
	(ellos / ellas)		dijeran(sen)	

		Sentir (*sintieron*)	Pedir (*pidieron*)	Dormir (*durmieron*)
Si	(yo)		pidiera(se)	durmiera(se)
	(tú)	sintieras(ses)	pidieras(ses)	
	(usted)	sintiera(se)		durmiera(se)
	(él / ella)		pidiera(se)	durmiera(se)
	(nosotros/as)	sintiéramos(semos)		durmiéramos(semos)
	(vosotros/as)		pidierais(seis)	
	(ustedes)	sintieran(sen)	pidieran(sen)	durmieran(sen)
	(ellos / ellas)	sintieran(sen)		

> El verbo **ir** se conjuga como el verbo **ser**: (si yo) *fuera / fuese*, (si tú) *fueras / fueses*.
> La 3.ª persona del plural de pretérito perfecto de indicativo de los verbos **oír** y **huir** se escribe con la **y**: o**y**eron; hu**y**eron. Por lo tanto, todas las personas de estos verbos se escriben con la **y** en pretérito imperfecto de subjuntivo: (si yo) o**y**era / o**y**ese, (si tú) o**y**eras / o**y**eses;
> (si yo) hu**y**era / hu**y**ese, (si tú) hu**y**eras / hu**y**eses.

2 Completa las frases con los verbos en pretérito imperfecto de subjuntivo.

a. Si _____ (**hacer, tú**) la cena, iríamos al cine.

b. Ojalá se _____ (**ir**) con su padre a Europa.

c. Si _____ (**querer, ellos**), se comprarían un piso ahora mismo.

d. Si _____ (**poder**), viajaríamos ahora.

e. Si _____ (**saber**) la materia, aprobaríais el examen.

f. Me gustaría que ustedes _____ (**traer**) la mesa al patio.

g. Si _____ (**dormir**) más horas, no estarías tan cansado.

3 Ahora completa las frases con los fragmentos del recuadro conjugando los verbos en pretérito imperfecto de subjuntivo.

> (**ser, ellos**) más organizados
> (**leer, ellos**) las instrucciones del contrato
> (**venir, tú**) a mi casa
> (**mentir**) tanto
> (**estar, nosotros**) en el campo
> (**caber**) todas las maletas en el maletero

a. Si _____, no necesitaríamos viajar en dos coches.

b. Si _____, no serían tan criticados.

c. Si _____, tendríamos una vida más tranquila.

d. Si él no _____, le creería.

e. Si _____, te haría un pastel de chocolate.

f. Si _____, seguramente no serían engañados.

4 Forma frases con los fragmentos presentados.

a. Si tuviera objetos obsoletos, _____.

b. Si comprara menos, _____.

c. Si las propagandas no fueran tan invasivas, no _____.

d. Si viajaras a Madrid, _____.

e. Si no desperdiciaras comida, _____.

¿Vamos a producir?

El decálogo

El decálogo es un documento escrito, bastante difundido en el ámbito digital, de carácter persuasivo. Reúne un conjunto de diez principios o normas consideradas importantes para el ejercicio de una actividad, sobre todo las relacionadas con comportamiento o conducta.

Ese género utiliza verbos en imperativo u otras formas de consejos o recomendaciones, con la intención de convencer o estimular a los lectores a adoptar determinada conducta. El decálogo está enumerado de 1 a 10 y puede contener una imagen para facilitar la comprensión del tema elegido.

CAMPAÑA Consumo consciente, consumo responsable. Diputación de Córdoba – Delegación de Consumo, Participación Ciudadana y Protección Civil. Disponible en: www.asociaciongaraje.es/consumeconsciente/. Accedido el: 23 jul. 2021.

Ahora, sigue las etapas para preparar un decálogo de consumo responsable.

Preparación

1. En parejas: ustedes se han dado cuenta de que algunos vecinos todavía tienen mucho que aprender sobre el consumo responsable. Antes de escribir el decálogo, organicen la información teniendo en cuenta los temas que se les presentan.

Tema	Problema	Solución
Basura		
Energía		
Alimentos		
Ropa		
Aparatos electrónicos		

2. Verifiquen si la información es suficiente para la elaboración del decálogo.

Producción

1. Elige uno de los temas de la etapa anterior y prepara en tu cuaderno un decálogo del consumo responsable.
2. Piensa en diez orientaciones que tus vecinos necesitan seguir para mejorar sus hábitos de consumo.
3. Utiliza formas o expresiones de consejos o recomendaciones, como: **tienes que**, verbos en infinitivo o imperativo.

Revisión

1. Intercambia el decálogo con tu compañero. Echa un vistazo en lo que tu pareja ha escrito y haz las correcciones necesarias.
2. Devuélvele el decálogo que has corregido. Ahora revisa las correcciones que te ha hecho tu compañero.

Versión final

1. Utiliza una herramienta de edición de texto y escribe la versión definitiva.
2. Preséntales el decálogo a tus compañeros y escucha la presentación de ellos.
3. Elige el decálogo que más te gusta.

¡Entérate!

El desperdicio de alimentos

Se estima que, por año, perdemos o desperdiciamos un tercio de los alimentos producidos en todo el mundo. ¿Cómo crees que podemos contribuir para la reducción de esa cifra? Lee el texto para enterarte de ese tema.

Cómo evitar el desperdicio de alimentos: reducir, reutilizar y reciclar en la cocina

Practicar un consumo consciente no supone dejar de comprar, sino consumir solo aquello que se necesita

Se calcula que en el mundo se desperdicia alrededor de un tercio de la producción mundial de alimentos. En España, según datos de la Comisión Europea, cada año más de 7,7 millones de toneladas de alimentos terminan en la basura, y de ellos, un 42% corresponde a los hogares. La cifra resulta bochornosa, y reducirla debería ser un objetivo esencial de la sociedad.

No solo por la injusticia de tirar comida mientras tantos pasan hambre, sino también por el impacto negativo que supone un consumo irresponsable, que se traduce en un gasto innecesario de recursos (materias primas, energía, agua) y en un aumento de la contaminación y de la huella de carbono derivado de los procesos de producción y distribución. En definitiva, en un perjuicio para el medio ambiente y para el futuro del planeta.

Comprar a granel y congelar alimentos son técnicas para evitar el desperdicio.

Practicar un consumo consciente no supone dejar de comprar, sino consumir solo aquello que se necesita, evitando así el desperdicio de comida y también la generación de residuos que lleva asociados. Es conocida ya la «regla de las tres R» (Reducir, Reutilizar y Reciclar) cuando hablamos de mantener una actitud responsable hacia el planeta y contribuir al desarrollo sostenible, pero también es perfectamente aplicable al modo en que gestionamos todo lo relacionado con los alimentos que consumimos cada día.

[...]

CÓMO evitar el desperdicio de alimentos: reducir, reutilizar y reciclar en la cocina. *ABC Bienestar*, Madrid, 5 oct. 2020. Disponible en: www.abc.es/bienestar/alimentacion/abci-como-evitar-desperdicio-alimentos-reducir-reutilizar-y-reciclar-cocina-202010051614_noticia.html. Accedido el: 23 jul. 2021.

1 Según el texto, ¿cuál es el impacto negativo del consumo irresponsable de alimentos?

2 ¿Qué es consumir de manera consciente?

3 En tu opinión, ¿cómo se puede aplicar la regla de las tres R a la alimentación?

Sigue explorando

Artesanía sostenible

El trabajo artesanal es una de las actividades culturales más importantes y representativas, que moviliza saberes y conocimientos transmitidos a lo largo de muchos años. La producción y el comercio de artesanías valora la cultura local y ayuda a ralentizar la presión sobre el uso de recursos naturales. Conoce dos importantes artesanías desarrolladas por grupos indígenas de Latinoamérica.

Tejidos de Guatemala

Los tejidos de Guatemala son internacionalmente conocidos por sus colores vibrantes y las técnicas seculares de los tejedores mayas.

Sombrero colombiano

El sombrero vueltiao de paja issi o mawisa es uno de los productos elaborados por artesanos de la serranía de Macuira, en Colombia.

Ahora investiga otras artesanías de España e Hispanoamérica y elige la que más te llama la atención para presentarla en clase:

- Busca información en Internet.
- Selecciona imágenes, audios y/o videos de la artesanía elegida.
- Organiza tu investigación en una presentación para compartir con tus compañeros.

Para explorar más

- CONSUMO responsable, combate de futuro. *Sin Filtros*, 2017. (26 min 41 s). Disponible en: www.youtube.com/watch?v=ympBZ4pbLrA. Accedido el: 6 jun. 2021.
  Documental español que muestra alternativas sostenibles al consumo.
- SERRES, Alain. *Capublicita Roja*. Madrid: SM, 2012.
  El libro utiliza el cuento de Caperucita Roja para proponer una reflexión crítica sobre el poder de la publicidad, introducida de manera irónica entre las páginas de la famosa historia.
- TU CONSUMO lo cambia todo. *Greenpeace*, 2018. Disponible en: https://es.greenpeace.org/es/sala-de-prensa/informes/tu-consumo-lo-cambia-todo/. Accedido el: 6 jun. 2021.
  Descárgate el informe de la organización internacional Greenpeace con demandas en favor del consumo sostenible dirigidas a ciudades españolas.

UNIDAD 4

VIAJES REALES, VIAJES IMAGINARIOS

◆ ¿Qué evento cultural está representado en la imagen? ¿En qué ciudad ocurre?

◆ ¿Conoces otras ferias o eventos literarios? ¿Cuáles y dónde ocurren?

◆ En tu opinión, ¿qué importancia tienen los eventos literarios y la literatura?

Viajar es entrar en contacto con lo diferente, lo desconocido. Pero para eso no siempre necesitamos desplazarnos. La literatura puede llevarnos a sitios increíbles, jamás imaginados. Los países hispanohablantes nos ofrecen todo tipo de viajes: los reales y los imaginarios. ¿Vamos a conocer un poco más de los viajes literarios en español?

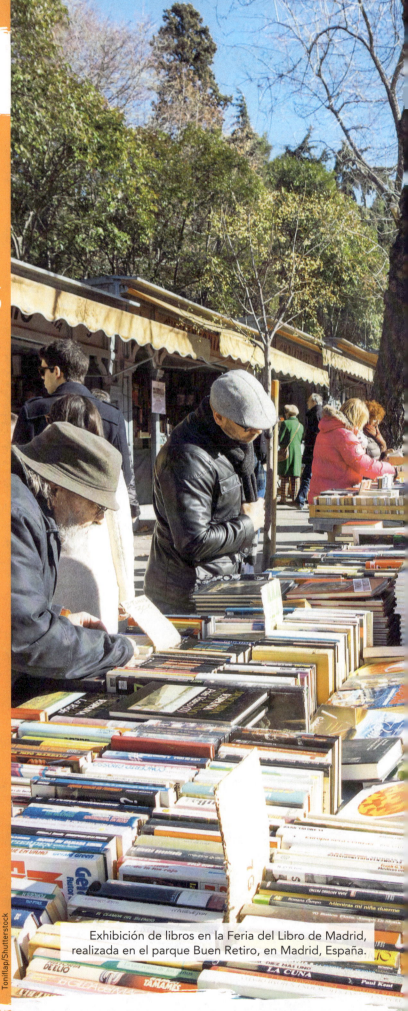

Exhibición de libros en la Feria del Libro de Madrid, realizada en el parque Buen Retiro, en Madrid, España.

¿Cómo se dice?

1 Escucha y lee los textos. Después observa en el plano de la ciudad los sitios citados.

Texto 1

Buenos Aires turismo

Recorridos literarios

Atravesada por la literatura, Buenos Aires evoca a cada paso diversos autores y obras. Millones de lectores en el mundo no han pisado jamás el Parque Lezama, pero lo conocen a través de la lectura de *Sobre héroes y tumbas*, donde su autor, Ernesto Sábato, imaginaba a su Alejandra. Lo mismo sucede con el Palermo de Borges, el Flores de Roberto Arlt, el Villa del Parque donde vivió Cortázar. Estos recorridos invitan a conocer la ciudad siguiendo las huellas de esos maravillosos escritores.

Horacio Villalobos/Corbis/Getty Images

Circuito Borges

Jorge Luis Borges es uno de los mayores nombres de la literatura del siglo XX. Nació en Buenos Aires en 1899. En contacto con las vanguardias europeas, en 1923 publicó su primer libro de poemas, *Fervor de Buenos Aires*. Se lo recuerda particularmente por sus libros de cuentos, como *Ficciones* y *El Aleph*, entre muchos otros. Murió en Ginebra, Suiza, en 1986.

Este circuito presenta la Buenos Aires frecuentada e inmortalizada por Jorge Luis Borges.

Librería La Ciudad (Galería del Este)
Calle Maipú 971, Monserrat

Aquí funciona la librería La Ciudad, tan frecuentada por Borges durante la época en que vivía en su departamento de la calle Maipú; allí firmaba libros, conversaba con el público y con sus dueños. Este fue también el escenario donde reanudó su diálogo con Ernesto Sábato después de años en silencio.

Antigua Biblioteca Nacional
Calle México 564, Monserrat

[...]
En mi escritorio de la calle México guardo la tela que alguien pintará, dentro de miles de años, con materiales hoy dispersos en el planeta.

BORGES, Jorge Luis. Utopía de un hombre que está cansado. *In:* BORGES, Jorge Luis. *El libro de arena*. Buenos Aires: Debolsillo, 2011.

Bar La Perla
Calle Don Pedro de Mendoza 1899, La Boca

[...] una confitería del Once, donde Macedonio Fernández, tan temeroso de la muerte, nos explicaba que morir es lo más trivial que puede sucedernos.
[...]

BORGES, Jorge Luis. Esquinas. *In:* BORGES, Jorge Luis; KODAMA, María. *Atlas*. Buenos Aires: Emecé, 2008.

Maipú 944
Calle Maipú 944 — piso 6 B, Retiro

Este ha sido el domicilio de Jorge Luis Borges desde el año 1944.

Buenos Aires turismo

Jardín Botánico Carlos Thays
Av. Sarmiento y Av. General Las Heras, Palermo

Donde actualmente está ubicado el Jardín Botánico Carlos Thays, funcionó hasta el año 2016 el Zoológico de Buenos Aires, lugar que Borges frecuentaba cuando era niño.

[...] Recuerdo que de chico (si mi hermana está aquí lo recordará también) me demoraba ante unas jaulas del jardín zoológico de Palermo y eran precisamente la jaula del tigre y la del leopardo. Me demoraba ante el oro y el negro del tigre; aún ahora, el amarillo sigue acompañándome. [...]

BORGES, Jorge Luis. La ceguera. *In*: BORGES, Jorge Luis; KODAMA, María. *Atlas*. Buenos Aires: Emecé, 2008.

Marcelo T. de Alvear y Maipú
Calle Marcelo T. de Alvear y Calle Maipú, Retiro

Aquí habrá la figura de una esquina cualquiera de Buenos Aires. No me dirán cuál es. Puede ser la de Charcas y Maipú, la de mi propia casa; la imagino abarrotada por mis fantasmas, inextricablemente entrando y saliendo y atravesándose. [...]

BORGES, Jorge Luis. Esquinas. *In*: BORGES, Jorge Luis; KODAMA, María. *Atlas*. Buenos Aires: Emecé, 2008.

Serrano (actual Jorge Luis Borges) y Soler
Calle Jorge Luis Borges y Calle Soler, Palermo

[...]
Recuerdo cierta pesadilla que tuve. Ocurrió, lo sé, en la calle Serrano, creo que en Serrano y Soler, salvo que no parecía Serrano y Soler, el paisaje era muy distinto: pero yo sabía que era en la vieja calle Serrano, de Palermo. [...]

BORGES, Jorge Luis. *Siete noches*. Madrid: Alianza Editorial, 2002.

Florida 300
Calle Florida 300, San Nicolás

En este lugar fueron detenidas, el 8 de diciembre de 1948, Leonor Acevedo y Norah Borges, madre y hermana de Jorge Luis Borges, por desafiar al régimen en plena calle Florida cantando el Himno Nacional y reclamando la vigencia de la Constitución de 1853.

Confitería del Águila
Calle Florida 102, San Nicolás

En la antigua Confitería del Águila, en Florida a la altura de Piedad, oímos la historia. Se debatía el problema del conocimiento. [...]

BORGES, Jorge Luis. La noche de los dones. *In*: BORGES, Jorge Luis. *El libro de arena*. Buenos Aires: Debolsillo, 2011.

Piedras y Chile
Calle Piedras y Calle Chile, Monserrat

Por aquí habré pasado tantas veces.
No puedo recordarlas. Más lejana
que el Ganges me parece la mañana
o la tarde en que fueron. [...]

BORGES, Jorge Luis. Piedras y Chile. *In*: BORGES, Jorge Luis; KODAMA, María. *Atlas*. Buenos Aires: Emecé, 2008.

Fuente de la información: https://turismo.buenosaires.gob.ar/es. Accedido el: 28 mayo 2021.

CUANDO VAYAS A BUENOS AIRES

Buenos Aires es la capital de Argentina, país ubicado en el Hemisferio Sur del continente americano. Viven allí poco más de 3 millones de personas. Ha sido siempre una ciudad de puertas abiertas. A sus habitantes se los llama "porteños", gentilicio que alude a la condición portuaria de la ciudad. Orientarse en Buenos Aires es sumamente sencillo, porque las calles y avenidas en su mayoría tienen un solo sentido de circulación. Las personas de cualquier perfil de preferencias encontrarán, sin duda, múltiples alternativas para satisfacer sus intereses.

¿Qué visitar?

La **Plaza de Mayo**, escenario de los más relevantes acontecimientos del país, que incluye a la Casa Rosada, sede del Poder Ejecutivo.

Galerías Pacífico, antigua cárcel y actualmente centro comercial en que funciona el Centro Cultural Jorge Luis Borges.

La **Recoleta**, zona recreativa histórico cultural, con un sofisticado centro comercial y gastronómico.

Feria de antigüedades de la **Plaza Dorrego**, en el barrio sur de **San Telmo**, uno de los más antiguos de la ciudad.

El **centro** y la **Calle Corrientes**, donde se ubican muchas librerías y teatros.

El **Obelisco**, que representa la primera fundación de la ciudad, en 1536.

Caminito, en el barrio de **La Boca**, con casas típicas de zinc, pintadas con colores vibrantes.

Estadio del Club Boca Juniors, uno de los clubes de fútbol más populares del país.

El **Teatro Colón**, que, además de suntuoso, es uno de los puntos de reunión en la ciudad para las manifestaciones políticas y para el festejo de los logros deportivos.

Fuente de la información: https://turismo.buenosaires.gob.ar/es. Accedido el: 28 mayo 2021.

Plano de la ciudad de Buenos Aires

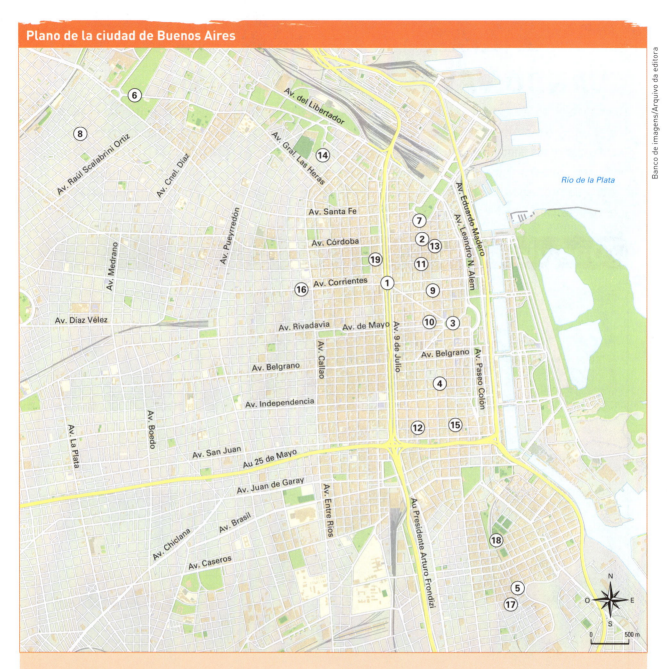

1. Obelisco
2. Librería La Ciudad
3. Plaza de Mayo
4. Antigua Biblioteca Nacional
5. Bar La Perla
6. Jardín Botánico Carlos Thays
7. Esquina de Marcelo T. Alvear y Maipú
8. Esquina de Jorge Luis Borges y Soler
9. Florida 300
10. Confitería del Águila
11. Maipú 944
12. Esquina de Piedras y Chile
13. Galerías Pacífico
14. La Recoleta
15. Plaza Dorrego
16. Calle Corrientes
17. Caminito
18. Estadio del Club Boca Juniors
19. Teatro Colón

Fuente de la información: GOOGLE Maps. Disponible en: http://maps.google.com.ar. Accedido el: 29 mayo 2021.

2 Ahora contesta a las preguntas.

a. ¿Qué tienen en común los dos textos? ¿Y de diferente?

___

b. ¿Cuál es la relación de los puntos turísticos citados en el **texto 1** con Jorge Luis Borges?

___

c. Según el **texto 2**, ¿cuáles son los principales atractivos de la ciudad?

___

d. Al leer los recorridos, ¿qué te pareció más interesante en Buenos Aires? ¿Por qué?

___

e. ¿Qué manera elegirías para visitar Buenos Aires: el recorrido literario, la guía tradicional o una mezcla de los dos? ¿Por qué?

___

3 ¿Qué te parece más interesante: conocer un lugar a través de una descripción literaria y después conocerlo personalmente o al contrario? ¿Por qué?

___

¿Entiendes lo que oyes?

1 ¿Te parece interesante la idea de registrar tus viajes? ¿Cómo lo harías? Habla con tus compañeros.

2 Escucha la grabación y completa las notas de viaje.

Estábamos en la cocina de la cárcel al _____ de la tempestad que afuera _____ con toda furia. Yo leía y releía la increíble carta. Así, de golpe, todos los sueños de retorno condicionados a los ojos que me vieran partir de Miramar se derrumbaban, tan sin _____, al parecer.

Un cansancio enorme se apoderaba de mí y como entre sueños escuchaba la alegre conversación de un preso trotamundos que hilvanaba mil extraños brebajes exóticos, amparado en la ignorancia que lo _____. Oía su palabra cálida y simpática mientras los rostros de los circundantes se inclinaban para escuchar mejor la revelación, veía como a través de una distante bruma la afirmación de un médico americano que habíamos conocido allí, en Bariloche: "Ustedes llegarán donde se propongan, tienen pasta. Pero me parece que _____ en México. Es un país maravilloso".

De pronto me sorprendí a mí mismo volando con el marinero hacia lejanos países, ajeno a lo que debía ser mi drama actual. _____ una profunda desazón: es que ni siquiera eso era capaz de sentir. Empecé a temer por mí mismo e inicié una carta llorona, pero no podía, era inútil insistir.

[...]

Un sol tibio alumbraba el nuevo día, el de la partida, la despedida del suelo argentino. Cargar la _____ en la *Modesta Victoria* no fue tarea fácil pero con paciencia se llevó a cabo. Y _____ también fue difícil por cierto. Sin embargo, ya estábamos en ese minúsculo _____ del lago, llamado pomposamente Puerto Blest. Unos kilómetros de camino, tres o cuatro a lo _____ y otra vez agua, ahora, en las de una _____ de un verde sucio, laguna Frías, navegamos un rato, para llegar, finalmente, a la aduana y luego al _____ chileno del otro lado de la cordillera, muy disminuida en su altura en estas _____. Allí nos topamos con un nuevo lago alimentado por las aguas del río Tronador, que nace en el imponente volcán del mismo nombre. Dicho lago, el Esmeralda, ofrece, en contraste con los _____, unas aguas templadas que hacen agradable la tarea de tomar un baño, muy sentador, por otra parte, a nuestras interioridades personales. Sobre la cordillera, en un lugar llamado Casa Pangue, hay un mirador que

86

permite abarcar un lindo _____ del suelo chileno, es una especie de

_____, por lo menos para mí lo era en ese momento. Ahora

miraba el futuro, la _____ faja chilena y lo que viera luego, musitando los versos del epígrafe.

GUEVARA, Ernesto. *Diarios de motocicleta*: notas de un viaje por América Latina. Buenos Aires: Planeta, 2005. p. 81-82.

Ernesto Guevara (izquierda), autor de *Diarios de motocicleta*, y su compañero de viaje, Alberto Granado.

3 Marca verdadero (**V**) o falso (**F**) según el texto.

a. ◯ En su diario, Ernesto Guevara deja claro que no viajaba solo.

b. ◯ Al principio del texto, él cuenta que está feliz con las noticias recibidas por una carta.

c. ◯ El preso trotamundos le dice a Ernesto que México es un país maravilloso.

d. ◯ Chile ha sido el primer país visitado por los viajeros.

e. ◯ Los viajeros han optado por utilizar un coche como medio de transporte.

4 Ahora, contesta a las preguntas sobre las notas de viaje.

a. ¿Qué sentimientos expresa el autor del texto? Justifica tu respuesta.

_____
_____
_____
_____
_____

b. ¿Con qué palabras Guevara demuestra el cambio de su estado de ánimo?

_____
_____
_____

c. En el cuarto párrafo, Guevara describe el paisaje y cita una cordillera. ¿Qué cordillera es esa?

_____
_____
_____

d. ¿Por qué crees que él no la nombró?

_____
_____
_____
_____
_____
_____
_____

5 Explica qué quiere decir el autor en el siguiente fragmento del texto.

[...] una especie de encrucijada, por lo menos para mí lo era en ese momento.

_____
_____
_____
_____
_____

6 Y tú, ¿alguna vez has sentido que estabas en una encrucijada? ¿Qué hiciste para salir de esa situación? Habla con tus compañeros.

¿Cómo se escribe?

Palabras homónimas

1 **Palabras homónimas** son las que se escriben de la misma manera, pero tienen significados distintos. Observa algunas en el cuadro de abajo.

el **abrigo**: lugar defendido de los vientos   el **abrigo**: prenda de vestir
el **cometa**: astro   la **cometa**: barrilete
el **cura**: sacerdote   la **cura**: curación
el **delta**: terreno comprendido entre los brazos de un río y su desembocadura   la **delta**: la cuarta letra del alfabeto griego
el **guía**: persona que conduce   la **guía**: tratado en que se dan preceptos   la **guía**: lista de datos e informaciones referentes a determinada materia
la **hoz**: instrumento que sirve para cortar mieses y hierbas   la **hoz**: angostura que forma un río entre dos sierras
la **laguna**: depósito natural de agua, generalmente dulce   la **laguna**: vacío de continuidad en un conjunto o una serie
el **pez**: animal acuático   la **pez**: sustancia resinosa secretada por vegetal
el **radio**: metal   el **radio**: mitad del diámetro   la **radio**: radioemisora   la **radio**: aparato transmisor y receptor
el **secante**: papel absorbente   la **secante**: línea secante, la que corta a otras

2 Descubre las palabras homónimas en la sopa de letras y completa las frases.

```
A F H T O P Y C I P G O T A
B A T R I O S A C R A R R X
T C O A L G A P O E N D A U
P I V Z A R P I S V O E Z C
I D U A B G A T O U R N A Q
T E N M I J U A O T A I Ñ U
A D O C O R D L N T M O F I
L A R N D A N O S C U G R E
J P E N D I E N T E S D E R
M I N T E R I O F A P E N O
E A T E N Z A D O S I N T K
O R E V R E S I Ñ T A R E M
```

a. Lima es la _____ de Perú y una de las treinta aglomeraciones urbanas más pobladas del mundo.

b. El _____ es un factor de producción constituido por inmuebles, maquinaria o instalaciones.

c. El barrio donde vivo tiene calles con _____ muy pronunciadas.

d. No puedo usar _____ porque tengo alergia.

e. El _____ de Carmen es muy tranquilo, se pasa el día durmiendo.

f. Si quieres cambiar la rueda pinchada, tienes que levantar el coche con el _____.

g. Coloca en _____ alfabético las palabras de la lista.

h. El director dio una _____ y quiere que sea cumplida.

i. El viento seguirá soplando del sur, girando a últimas horas del día a oeste-noroeste, con la llegada de un _____ frío.

j. Pablo estaba corriendo, se cayó y se hizo un chichón en la _____.

Palabras parónimas

1 **Palabras parónimas** son aquellas que se diferencian muy poco en la escritura, pero tienen significados muy distintos. Observa algunos casos en el cuadro de abajo.

cebo: comida que se da a los animales **s**ebo: grasa	**c**ien: numeral **s**ien: cada una de las dos partes laterales de la cabeza a la altura de la frente
cegar: causar la pérdida de la vista **s**egar: cortar hierba	**c**ierra: del verbo **cerrar** **s**ierra: herramienta que sirve para cortar madera
ceno: del verbo **cenar** **s**eno: pecho de la mujer	**c**iervo: animal mamífero rumiante **s**iervo: esclavo de un señor
cepa: parte del tronco de árbol que está dentro de la tierra **s**epa: del verbo **saber**	**c**ima: la parte más alta de la montaña **s**ima: cavidad grande y muy profunda en la tierra
cerrar: asegurar con cerradura **s**errar: cortar con sierra	co**c**er: hervir un alimento en un líquido co**s**er: unir con un hilo pedazos de tela
cesión: renuncia de alguna cosa a favor de alguien **s**esión: conferencia, reunión	ha**z**: del verbo **hacer** ha**s**: del verbo **haber**
cesto: recipiente **s**exto: una parte del todo que se divide en seis partes iguales, la sexta parte	**z**eta: letra **z** **s**eta: hongo provisto de un pie y un sombrerillo; algunas especies son comestibles, otras son venenosas

2 Rellena cada hueco con la palabra adecuada.

a. No quiero beber café en esta _____ (**tasa / taza**).

b. Mi _____ (**cita / sita**) con el director de la empresa fue cancelada.

c. La _____ (**casa / caza**) del _____ (**siervo / ciervo**) está prohibida.

d. Tengo sed. Haré un _____ (**sumo / zumo**) de fresa.

e. La película *El* _____ (**cesto / sexto**) *día* no está más en el cine.

f. El gobierno puede subir las _____ (**tasas / tazas**) de interés.

g. Los _____ (**zuecos / suecos**) compraron _____ (**zuecos/ suecos**) para sus esposas.

h. Los _____ (**peces / peses**) están en el _____ (**sexto / cesto**).

¿Vamos a leer?

1 Mira la lista y relaciona los escenarios con sus respectivas novelas. Luego identifica cuáles son los sitios imaginarios de la literatura.

a. Santa María
b. El País de las Maravillas
c. Buenos Aires y París
d. Macondo
e. Narnia
f. La Mancha

○ *Cien años de soledad* (Gabriel García Márquez)
○ *El astillero* (Juan Carlos Onetti)
○ *Don Quijote de La Mancha* (Miguel de Cervantes)
○ *Las aventuras de Alicia* (Lewis Carroll)
○ *El león, la bruja y el ropero* (C. S. Lewis)
○ *Rayuela* (Julio Cortázar)

2 ¿Conoces todos los sitios imaginarios de la lista? ¿Cómo te imaginas que son? Habla con tus compañeros.

3 Lee el fragmento de *Cien años de soledad* y descubre cómo es el pueblo imaginario de la novela.

Cien años de soledad

Muchos años después, frente al pelotón de fusilamiento, el coronel Aureliano Buendía había de recordar aquella tarde remota en que su padre lo llevó a conocer el hielo. Macondo era entonces una aldea de veinte casas de barro y cañabrava construidas a la orilla de un río de aguas diáfanas que se precipitaban por un lecho de piedras pulidas, blancas y enormes como huevos prehistóricos. El mundo era tan reciente, que muchas cosas carecían de nombre, y para mencionarlas había que señalarlas con el dedo. Todos los años, por el mes de marzo, una familia de gitanos desarrapados plantaba su carpa cerca de la aldea, y con un grande alboroto de pitos y timbales daban a conocer los nuevos inventos. Primero llevaron el imán. Un gitano corpulento, de barba montaraz y manos de gorrión, que se presentó con el nombre de Melquíades, hizo una truculenta demostración pública de lo que él mismo llamaba la octava maravilla de los sabios alquimistas de Macedonia. Fue de casa en casa arrastrando dos lingotes metálicos, y todo el mundo se espantó al ver que los calderos, las pailas, las tenazas y los anafes se caían de su sitio, y las maderas crujían por la desesperación de los clavos y los tornillos tratando de desenclavarse, y aun los objetos perdidos desde hacía mucho tiempo aparecían por donde más se les había buscado, y se arrastraban en desbandada turbulenta detrás de los fierros mágicos de Melquíades. "Las cosas tienen vida propia —pregonaba el gitano con áspero acento—, todo es cuestión de

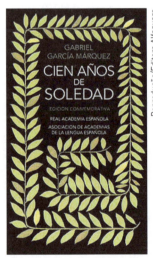

despertarles el ánima". José Arcadio Buendía, cuya desaforada imaginación iba siempre más lejos que el ingenio de la naturaleza, y aún más allá del milagro y la magia, pensó que era posible servirse de aquella invención inútil para desentrañar el oro de la tierra. Melquíades, que era un hombre honrado, le previno: "Para eso no sirve". Pero José Arcadio Buendía no creía en aquel tiempo en la honradez de los gitanos, así que cambió su mulo y una partida de chivos por los dos lingotes imantados. Úrsula Iguarán, su mujer, que contaba con aquellos animales para ensanchar el desmedrado patrimonio doméstico, no consiguió disuadirlo. [...]

GARCÍA MÁRQUEZ, Gabriel. Cien años de soledad.
Madrid: Alfaguara, 2007. p. 9-10.

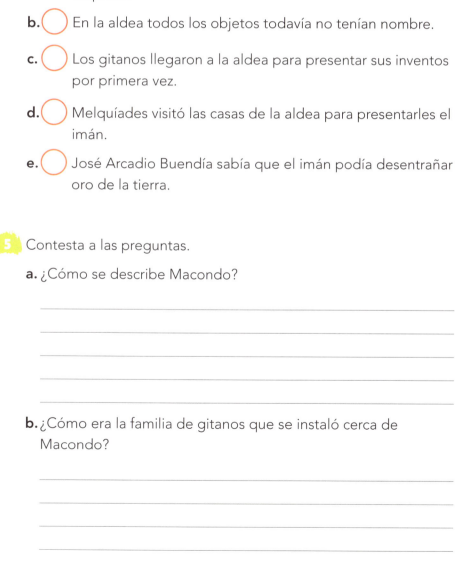

Gabriel García Márquez es uno de los grandes novelistas del siglo XX y uno de los más aclamados representantes del realismo mágico. Nació en Colombia en 1927 y murió en 2014. Entre tantos premios, el escritor y periodista fue galardonado en 1982 con el Nobel de Literatura por la novela *Cien años de soledad*.

4 Lee una vez más el fragmento y escribe **V** si es verdadero o **F** si es falso.

a. ◯ Macondo es un pueblo a la orilla de un río de aguas límpidas.

b. ◯ En la aldea todos los objetos todavía no tenían nombre.

c. ◯ Los gitanos llegaron a la aldea para presentar sus inventos por primera vez.

d. ◯ Melquíades visitó las casas de la aldea para presentarles el imán.

e. ◯ José Arcadio Buendía sabía que el imán podía desentrañar oro de la tierra.

5 Contesta a las preguntas.

a. ¿Cómo se describe Macondo?

b. ¿Cómo era la familia de gitanos que se instaló cerca de Macondo?

c. ¿Se puede decir que José Arcadio Buendía tenía prejuicio contra los gitanos? Reescribe el fragmento del texto que justifica tu respuesta.

_____
_____
_____

d. ¿A qué paisaje real asociarías la aldea de Macondo? ¿Por qué?

_____
_____
_____
_____
_____
_____

6 Marca la respuesta correcta.

a. ¿Qué características le atribuirías a José Arcadio Buendía?

○ Un hombre ingenuo y muy miedoso.

○ Un hombre terco y soñador a la vez.

○ Un hombre divertido, pero muy frágil.

b. ¿Qué relación hay entre Úrsula Iguarán y José Arcadio Buendía?

○ Úrsula Iguarán es prima de José Arcadio Buendía.

○ José Arcadio Buendía es hermano de Úrsula.

○ Úrsula es esposa de José Arcadio Buendía.

7 ¿Qué significa la expresión destacada en el fragmento de la novela?

"Las cosas tienen vida propia —pregonaba el gitano con áspero acento—, todo es cuestión de **despertarles el ánima**."

○ Estimular el interés.

○ Ordenar la participación.

○ Pedir un favor.

> **Novela** es una obra literaria en prosa, generalmente extensa, que cuenta una historia con un desarrollo más completo que la de los relatos breves y los cuentos. Puede narrar hechos ficticios, hechos reales o mezclar ambas cosas. Existen diversos tipos de novela, como la novela de aprendizaje, la novela de caballería, la novela picaresca, entre otros.

¿Cómo funciona?

Los pronombres personales complemento

1 Lee el fragmento de la novela de Juan Rulfo y observa las palabras destacadas.

Pedro Páramo

Vine a Comala porque **me** dijeron que acá vivía mi padre, un tal Pedro Páramo. Mi madre **me** lo dijo. Y yo **le** prometí que vendría a ver**lo** en cuanto ella muriera. **Le** apreté sus manos en señal de que lo haría; pues ella estaba por morirse y yo en un plan de prometerlo todo. "No dejes de ir a visitar**lo** —**me** recomendó—. Se llama de este modo y de este otro. Estoy segura de que **le** dará gusto conocer**te**." Entonces no pude hacer otra cosa sino decir**le** que así lo haría, y de tanto decír**selo se** lo seguí diciendo aun después que a mis manos les costó trabajo zafarse de sus manos muertas.

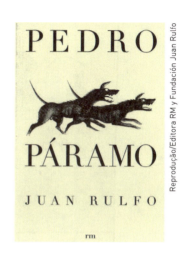

Todavía antes **me** había dicho:

—No vayas a pedir**le** nada. Exíge**le** lo nuestro. Lo que estuvo obligado a dar**me** y nunca **me** dio... El olvido en que **nos** tuvo, mi hijo, cóbra**se**lo caro.

—Así lo haré, madre.

Pero no pensé cumplir mi promesa. Hasta que ahora pronto comencé a llenar**me** de sueños, a darle vuelo a las ilusiones. Y de este modo se me fue formando un mundo alrededor de la esperanza que era aquel señor llamado Pedro Páramo, el marido de mi madre. Por eso vine a Comala.

[...]

RULFO, Juan. *Pedro Páramo*. México: RM y Fundación Juan Rulfo, 2005.

a. ¿A qué se refieren las palabras destacadas?

○ A personas, para complementar el sentido de los verbos.

○ A personas y objetos, para complementar el sentido de los verbos.

○ A cosas, para darle al texto un tono más formal.

b. Subraya las palabras que mejor completan la definición a continuación.

> Los pronombres personales complemento son formas que se utilizan para **omitir** / **sustituir** a personas, objetos o ideas y complementar el sentido del **verbo** / **sustantivo**.

2 Completa los huecos con las palabras del recuadro y después escucha la grabación.

| me (6 veces) | te (4 veces) | la (3 veces) | nos | a él | a ella | con nosotros |

El pronombre personal complemento en general **sustituye** algún **nombre** o **pronombre** que no queremos repetir. Existen pronombres complemento **átonos** y **tónicos**.

3 Lee las explicaciones sobre los pronombres complemento y completa los ejemplos extraídos del diálogo anterior.

Las **formas átonas** pueden venir antes o después del verbo y no van nunca introducidas por una preposición.	Las **formas tónicas** van siempre introducidas por una preposición.
"… no _____ olvides de llamar_____."	"… puedes venir _____."

97

Los pronombres complemento pueden ser **directos** o **indirectos**.

| El **pronombre complemento** directo (PCD) sustituye un complemento directo. "¿_____ conoces?" | El **pronombre complemento** indirecto (PCI) sustituye un complemento indirecto. "_____ dijeron que estabas de viaje." |

El complemento directo viene acompañado de la preposición **a** cuando se refiere a una persona, a una mascota o a un animal personificado.

4 Observa los pronombres complemento en el cuadro y enseguida algunos ejemplos.

Persona a la que corresponde	Átonos		Tónicos
	CD	CI	CI
yo	me	me	mí, conmigo
tú	te	te	ti, contigo
él / ella / usted	lo / la	le (se)	él, ella, usted
nosotros / nosotras	nos	nos	a / para / con / de — nosotros, nosotras
vosotros / vosotras	os	os	vosotros, vosotras
ellos / ellas / ustedes	los / las	les (se)	ellos, ellas, ustedes

Así como ocurre en portugués, cuando la preposición **con** precede a **mí**, **ti** o **sí**, deben emplearse las formas **conmigo**, **contigo** y **consigo**. En ese caso, no se repite la preposición (**con**).

Oraciones con CD	**Oraciones con CI**
Juana escribió **esta tarjeta postal**. ↓ CD	Juana escribió **para mí**. ↓ CI
Juana **la** escribió. ↓ PCD	Juana **me** escribió. ↓ PCI
Mañana veremos **a Alejandra**. ↓ CDP	Entregaremos el libro **a Julia**. ↓ PCI
Mañana **la** veremos. ↓ PCD	**Le** entregaremos el libro. ↓ PCI

5 Completa las frases con el pronombre complemento. Mira el ejemplo.

El profesor saludó **a las niñas**.

*El profesor **las** saludó.*

a. María visitó **a Poncha**.
_____

b. Ayer traje unos caramelos **a los niños**.
_____

c. El jefe elogió **los trabajos**.
_____

d. El dependiente preguntó **a la señora** qué quería.
_____

e. Los niños obedecieron **a sus padres** sin replicar.
_____

f. Los turistas elogiaron **a las azafatas**.
_____

> Se puede repetir el complemento indirecto de persona para dar mayor énfasis o evitar ambigüedades: **A mí** nadie **me** dijo nada.

6 Indica a qué corresponden los pronombres complemento señalados. Mira el ejemplo.

*Mario **me** vio en el Parque Lezama. **a mí***

a. Pedro **te** preguntó qué hora es. _____

b. El guía **nos** llevó al hotel. _____

c. El guarda **os** multó. _____

d. Felipe **le** llamó por la mañana. _____

e. El dependiente **las** saludó. _____

f. El profesor **los** incentivó. _____

g. Ricardo **me** saludó en la fiesta. _____

h. La azafata **le** llamó por el micrófono. _____

7 Lee el diálogo y subraya los pronombres complemento. Luego, contesta a la pregunta.

- ¿A quiénes se refieren los pronombres complemento que subrayaste?

_____

_____

8 Combina dos formas átonas de pronombres complemento y completa las frases.

*Ella dio **el lápiz**... (**para mí**). / Ella **me lo** dio.*

a. Mañana traeré **el libro**... (**para ti**). / Mañana _____ traeré.

b. El profesor trajo **las notas**... (**para vosotros**). / El profesor _____ trajo.

c. Mi madre compró **frutas**... (**para nosotros**). / Mi madre _____ compró.

d. Papá leerá **el cuento** mañana... (**para vosotros**). / Papá _____ leerá mañana.

e. José regaló **una rosa**... (**a mí**). / José _____ regaló.

f. Ramón escribió **una tarjeta postal**... (**para mí**). / Ramón _____ escribió.

CI
me
te
le
nos
os
les

CD
lo
la
los
las

> Cuando combinadas a otro pronombre complemento (**lo / la / los / las**), las formas **le** y **les** son sustituidas por **se**. Ejemplo:
> En la fiesta ofrecieron dulces **a los niños**. → En la fiesta **les** ofrecieron dulces.
> En la fiesta ofrecieron **dulces** a los niños. → En la fiesta **los** ofrecieron a los niños.
> En la fiesta ofrecieron **dulces a los niños**. → En la fiesta **se los** ofrecieron.

9 Rellena los huecos con los pronombres complemento adecuados.

Camilo El otro día, paseando por la calle, vi a Juan y, cuando fui a saludar____, ni siquiera ____ miró.

Inez ¡Qué raro! Juan es tan simpático… a lo mejor no ____ reconoció.

Camilo No es eso, creo que tú tampoco ____ sabes.

Inez Pues cuénta____ que ya estoy curiosa.

Camilo ____ llamé y ____ pregunté si no ____ conocía y ____ contestó que no ____ acordaba de ____.

Inez ¡No ____ puedo creer!

Camilo Bueno, así que ____ dije que habíamos estudiado juntos por muchos años y que él siempre iba ____ a las fiestas del cole.

Inez …

Camilo Entonces ____ contó que él no era Juan, que ____ llamaba Julio y que Juan era su hermano gemelo. No ____ conocíamos porque vivía con sus abuelos en otra ciudad.

Inez ¡Menudo papelón!

La posición del pronombre complemento en la frase

1 Lee los comentarios de algunos lectores en un foro de literatura y complétalos con el pronombre complemento adecuado.

Foro literario
👤 carolinacs 🕒 16 enero 2022

---

carolinacs
Saltillo, Coahuila, México

16 enero 2022 — #1

¡Hola a todos! ¿Qué libros han leído los últimos meses? 😃

---

susanamaria2
Buenos Aires, Argentina

16 enero 2022 — #2

Me encantan los libros de fantasía, sobre todo los de ciencia ficción, porque uno puede imaginar_____ en sitios que de hecho no existen. El último libro que leí fue *Las hijas de Tara*, de Laura Gallego. _____ regaló una amiga por mi cumpleaños y _____ tragué en una semana. _____ recomiendo. Léan_____ y cuénten_____ qué _____ pareció.

---

fernand0r0mer0
Tegucigalpa, Honduras

16 enero 2022 — #3

Me compré *Mañana todavía*, una colección de relatos distópicos de varios autores. Llevo una semana leyéndo_____, pero pronto voy a terminar_____ porque _____ encanta enterar_____ de problemas actuales y aventurar_____ por el futuro desconocido. _____ recomiendo la lectura del relato *We Kids*, de Laura Gallego. Todos los que usamos las redes sociales estamos exponiéndo_____ a riesgos diarios, por eso deberíamos leer_____ antes posible.

---

mariapaulazj
Bogotá, Colombia

16 enero 2022 — #4

El último libro que leí fue el *Don Quijote de la Mancha*. Es un clásico pero nunca _____ había leído completo hasta hace pocos días. Es increíble como Cervantes crea esa historia que ha marcado a tantas generaciones de lectores. La parte que más _____ gustó fue el episodio de la pastora Marcela, pues _____ hizo reflexionar sobre la libertad. Ahora quiero empezar otro libro, pero todavía no he podido elegir_____.

2 Descubre la regla general de la colocación pronominal y transcribe dos ejemplos del foro para cada situación.

a. En general, el pronombre complemento va antes de verbos (proclisis).
___
___

b. Solo hay tres casos en que el pronombre va después del verbo (enclisis) y se une a él:

- en **gerundio**;
___
___

- en **infinitivo**;
___
___

- en **imperativo afirmativo**.
___
___

c. Cuando el pronombre acompaña una expresión con dos verbos, puede ir antes del primer verbo o después del segundo.

- "pero pronto voy a terminar_____." / "pero pronto _____ voy a terminar."

- "estamos exponiendo_____ a riesgos […]" / "_____ estamos exponiendo a riesgos […]"

3 Escribe una respuesta para el foro.

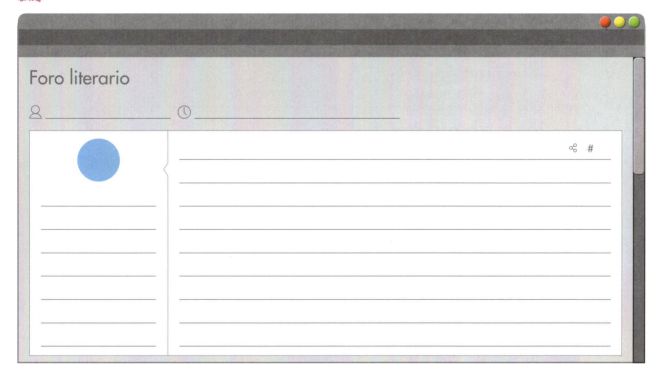

4 Sustituye las palabras destacadas por los pronombres correspondientes. ¡Ojo a la colocación pronominal!

a. Voy a regalar **esta camiseta**... **(para ti)**.

b. No digas **esto**... **(a mí)**.

c. Estoy contando **mi secreto**... **(para ti)**.

d. Vendí **mi piso**... **(a ellas)**.

e. He visto... **(a ti y a tu hermana)** ...en el aeropuerto.

f. Voy a comprar **esta pulsera**... **(para mi madre)**.

g. Estoy haciendo **el bocadillo**... **(para ti)**.

h. ¿Vas a comprar **la revista**... **(para mí)**?

i. Voy a hacer **una fiesta de cumpleaños**... **(para ti)**

j. Diga **lo que pasó**... **(a mí)**

¿Vamos a producir?

La tertulia literaria

La tertulia literaria es una reunión cultural en la que un grupo de personas se reúne para leer, escuchar y comentar fragmentos de novelas, cuentos y textos literarios en general. Ese encuentro puede despertar en los lectores la curiosidad y el interés por textos y autores que todavía no conocen. En ese tipo de reunión, se comparten diferentes opiniones e impresiones sobre los autores y sus obras.

Ahora, sigue las etapas para compartir tus impresiones sobre un texto literario y presentarlo en una tertulia.

Preparación

1. Antes de compartir tus impresiones sobre algún libro o cuento que has leído, organiza la información teniendo en cuenta las categorías que se te dan.

Libro o texto elegido	
Autor(a)	
Personajes	
Escenario (real o imaginario)	
Historia	
Impresiones	

2. Verifica si las informaciones son suficientes para la presentación en la tertulia literaria.

Producción

1. Elige un fragmento del libro o texto que has seleccionado.
2. Entrena la lectura para verificar si hay alguna palabra desconocida o que no sabes pronunciar.
3. Organiza oralmente tu presentación: datos del texto y tus impresiones sobre la lectura.

Revisión

1. En parejas: comparte con un compañero la grabación de tu presentación oral y dile que apunte tus errores. Luego corrígelos.
2. Ensaya con tu compañero la presentación oral: haz la lectura del fragmento elegido y comenta tus impresiones.

Versión final

1. En la tertulia literaria, lee el fragmento del texto que has seleccionado.
2. Comparte con el grupo tus impresiones.
3. Escucha la presentación de tus compañeros.

¡Entérate!

Jóvenes lectores

Además de favorecer la comprensión de textos y aumentar la creatividad, el hábito de leer puede ayudar a reducir el estrés y la ansiedad. Los distintos géneros literarios son un billete para un viaje hacia realidades totalmente distintas. ¿Crees que los jóvenes leen lo suficiente? ¿Crees que es posible motivar la lectura entre los adolescentes? Lee el texto para enterarte de ese tema.

Adolescentes que leen adquieren mayor sensibilidad

Ampliar vocabulario, una mejor forma de expresión y viajar a diferentes realidades a través de su pensamiento y sentimientos es lo que puede generar en los jóvenes la lectura.

CLAUDIA LUÉVANO
Torreón, Coahuila / 12.11.2020 10:47:48

[…]

Teresa Muñoz, escritora y directora del Centro Cultural Casa Mudéjar, explica que leer adentra a los lectores a otros mundos y se adquiere cierta sensibilidad. "El joven lector adquiere una sensibilidad mayor que una persona que no lee".

La escritora recomienda a los jóvenes que lean libros de aventura, en los que puedan vivir hazañas a través de las páginas de un libro. "Sugiero a jóvenes de secundaria que nunca han leído que comiencen por lo que es la literatura infantil, libros que tienen muchas ilustraciones con historias cortas que de alguna manera hacen que el tiempo pase rápido y les ayudará a captar la atención".

[…]

Adolescente lee un libro en la calle.

LUÉVANO, Claudia. Adolescentes que leen adquieren mayor sensibilidad. *Milenio*, Torreón, 12 nov. 2020. Disponible en: www.milenio.com/aula/la-lectura-genera-en-los-adolescentes-mayor-sensibilidad. Accedido el: 28 mayo 2021.

1. Según el texto, ¿cuáles son los beneficios de la lectura en la adolescencia?

2. ¿Qué recomienda la escritora a los jóvenes que no tienen la costumbre de leer?

3. ¿Cómo crees que se puede fomentar la lectura en la adolescencia?

Sigue explorando

Nueva generación de escritores

La literatura en lengua española siempre nos ha brindado grandes historias que nos emocionan hasta hoy. En los últimos años, una nueva generación de novelistas se ha aventurado en la misión de darle una nueva cara al arte de contar buenas narrativas. Conoce a dos importantes novelistas contemporáneos de España y Guinea Ecuatorial.

Eva García Sáenz de Urturi

La novelista más exitosa de España es la autora de *La trilogía de la Ciudad Blanca*, adaptada al cine.

Estanislao Medina Huesca

Autor de *El Albino Micó*, el ecuatoguineano es considerado uno de los más talentosos narradores jóvenes de la literatura en español.

Ahora, investiga otros escritores de España e Hispanoamérica y elige el que más te llama la atención para presentarlo en clase:

- Busca información en Internet.
- Selecciona imágenes, audios y/o videos del autor elegido.
- Organiza tu investigación en una presentación para compartir con tus compañeros.

Para explorar más

- ALLENDE, Isabel. *La ciudad de las bestias*. Barcelona: Plaza & Janés, 2014.
  Ese libro es la primera parte de la trilogía *Memórias del águila y del Jaguar* y narra la historia de Alexander Cold, un joven de 15 años que viaja junto a sua abuela al Amazonas para documentar la existencia de una criatura conocida como "la bestia".

- FUNDACIÓN Gabo. *La peste del insomnio*. Disponible en: www.youtube.com/watch?v=unavYbe3Yu8. Accedido el: 21 jun. 2021.
  En ese cortometraje, 30 importantes intérpretes hispanohablantes leen extractos de la novela *Cien años de soledad*, centrados en la llegada de "la peste del insomnio" al pueblo de Macondo.

- NATIONAL Geographic. *Aventuras literarias*: mapas para viajes literarios. Disponible en: https://viajes.nationalgeographic.com.es/a/aventuras-literarias-mapas-para-viajes-literarios_12422. Accedido el: 8 jun. 2021.
  Bellos mapas de los lugares representados en algunas de las obras literarias más famosas del mundo, como *La vuelta al mundo en 80 días*, de Julio Verne.

UNIDAD 5

UN PLANETA ENFERMO

El deshielo del glaciar Perito Moreno, en la Patagonia argentina.

- ¿Qué problema ambiental está representado en la imagen? ¿Qué pudo haberlo generado?

- ¿Conoces otros escosistemas que sufren los impactos de la acción humana? ¿Cuáles y dónde?

- En tu opinión, ¿podemos frenar los problemas ambientales? ¿Cómo?

El calentamiento global es una realidad cuyos efectos devastadores se hacen notar: sequías crónicas, huracanes, terremotos, tsunamis, etc. Aunque nos falten las medicinas para cuidar nuestro planeta enfermo, es deber de todos buscarlas y aplicarlas lo más pronto posible. ¿Te animas a cuidar del planeta?

¿Cómo se dice?

1. Escucha la grabación y descubre las consecuencias del cambio climático.

Cambio climático: ¿Cómo afecta a nuestro país y cómo nos podemos preparar?

El aumento de la temperatura media del planeta provoca diversos problemas ambientales.

El cambio climático es una realidad cada vez más apremiante. Así lo asegura toda la evidencia científica generada durante los últimos años, por lo que la humanidad ha adoptado una serie de medidas y acuerdos para enfrentar este fenómeno global. El aumento de las temperaturas, la cada vez mayor proliferación de fenómenos meteorológicos extremos, inundaciones y sequías son sólo algunas de las consecuencias que ya se sienten debido al cambio climático, siendo nuestro país particularmente vulnerable a ellas.

De acuerdo a la profesora Paulina Aldunce, de la Facultad de Ciencias Agronómicas y del Centro de Ciencia del Clima y la Resiliencia, el riesgo más importante es la reducción de la disponibilidad de agua, que se potencia con el derretimiento progresivo de los cuerpos de hielo en la cordillera, glaciares, y en la misma Antártica. Además aumentan los problemas para la producción agrícola, la infraestructura portuaria, y los riesgos a la salud.

[…]

Respecto a lo que podemos esperar a futuro, la profesora Aldunce afirmó que con el cambio climático "todas las variables se han exacerbado y se van a seguir exacerbando, por lo tanto, los cambios van a ser aún mayores. Está proyectado que vamos a tener más sequía, vamos a tener más olas de calor, un aumento sostenido de las temperaturas, tener más marejadas, más lluvias extremas más severas y más frecuentes causando inundaciones, deslizamientos, etc."

La académica Karen Peña, de la Facultad de Ciencias Forestales y de la Conservación de la Naturaleza (FCFCN), explicó que los efectos de este fenómeno no son iguales en todo el mundo, y tampoco lo serán en nuestro país, ya que si bien zonas como la Patagonia verán un aumento de la temperatura, éste vendrá asociado a un aumento de las precipitaciones, situación contraria a la que vive la zona central donde los bosques esclerófilos sufren un aumento de períodos de sequía.

[...]

El profesor Luis Raggi, de la Facultad de Ciencias Veterinarias y Pecuarias, agregó que desde su perspectiva los recursos naturales del país y su protección deben estar consagrados en la Constitución como un derecho humano fundamental.

Desde ahí, "la sociedad debe entender que es parte de la naturaleza, que la afecta y se afecta por lo que ocurre en la atmósfera, en la tierra y en el agua, y que el daño ambiental que produce un proceso, cualquiera sea, atenta contra los DD. HH. y requiere una regulación, una conducta y una reparación".

RAMÍREZ, Felipe; DE LA VEGA, Francisca. Cambio climático: ¿Cómo afecta a nuestro país y cómo nos podemos preparar? *Universidad de Chile*, 23 oct. 2020. Disponible en: www.uchile.cl/noticias/169946/como-afecta-a-chile-el-cambio-climatico-y-como-nos-podemos-preparar. Accedido el: 25 jun. 2021.

2 Ahora, contesta a las preguntas.

a. ¿De qué país son los autores del texto? ¿Dónde encontraste esa información?

_____
_____
_____

b. ¿Qué consecuencias del cambio climático ya se pueden sentir?

_____
_____
_____
_____

c. ¿Cuál es el riesgo más importante del cambio climático? ¿Por qué?

_____
_____
_____
_____
_____

d. ¿Cuál es la previsión para los próximos años?

_____
_____
_____
_____
_____

e. ¿Los efectos del cambio climático son los mismos en todo el mundo? ¿Por qué?

_____
_____
_____
_____

f. ¿Qué defiende el profesor Luis Raggi?

_____
_____
_____
_____

g. En tu opinión, ¿las personas comprenden que son parte de la naturaleza? ¿Por qué?

_____
_____
_____
_____

3 Lee la viñeta de Gaturro y conversa con un compañero.

NIK. *Gaturro*. Disponible en: https://twitter.com/nikgaturro/status/1177671743324016640. Accedido el: 3 jun. 2021.

a. ¿Quiénes son los personajes que aparecen en la viñeta? ¿Por qué se han unido?

b. ¿Qué parte de la viñeta se relaciona con lo que dice Gaturro? ¿Por qué?

c. ¿Qué representa la imagen de la tierra derritiendo?

Problemas ambientales

1 Observa las escenas y escribe el nombre de los problemas ambientales.

| avalancha | huracán | tormenta | sequía | deforestación | inundación |

a.

b.

___

c.

d.

___

e.

f.

___

2 Discute con tus compañeros.

a. ¿Crees que todos esos problemas están relacionados con el cambio climático? ¿Por qué?

b. ¿Cuáles están directamente relacionados con la actividad humana?

c. Investiga en Internet las teorías que explican el cambio climático y sus consecuencias. Después, intercambie con tus compañeros impresiones y opiniones sobre el tema.

3 Completa las frases con los problemas ambientales de la actividad 1.

a. Los vientos del _____ han destruido la infraestructura de electricidad de la ciudad.

b. Una consecuencia de la _____ es la pérdida del hábitat de la vida silvestre.

c. Una fuga de agua ha provocado una enorme _____ en la ciudad.

d. La _____ tropical avanzó por el océano con vientos máximos de 75 kilómetros por hora.

e. La última _____ de nieve impactó sobre la carretera principal de la ciudad.

f. Debido a la falta de lluvias, crece la _____ en muchas zonas de todo el mundo.

4 Mira las imágenes y contesta a las preguntas.

Residuos minerales de barro tras rotura de presa en Brumadinho, Minas Gerais, Brasil (2019).

Derrame de petróleo en aguas caribeñas alcanza la costa de Salvador, Bahia, en Brasil (2019).

a. ¿Qué desastres ambientales están representados en las fotografías?
_____
_____

b. ¿Qué impactos ambientales y socioeconómicos han tenido esos desastres?
_____
_____
_____
_____

c. ¿Cómo crees que se podrían evitar desastres como esos?
_____
_____
_____

¿Entiendes lo que oyes?

1. En tu opinión, ¿pequeñas actitudes son importantes para la preservación ambiental? ¿Por qué?

2. Según tus conocimientos previos, consumismo es:
   - ○ gastar por gastar.
   - ○ cerrar un grifo que gotea.
   - ○ darse una ducha rápida.
   - ○ dejar las luces encendidas sin necesidad.

3. Escucha la grabación y completa los huecos del texto a continuación.

[...] un "grito de guerra" _____ por muchas ONGs _____ de países pobres es el siguiente:

"_____".

Porque pensar globalmente da una visión de las consecuencias a nivel global _____ local o personal. Sin embargo, actuar globalmente es difícil, pues los problemas son inabarcables _____.
Las actuaciones a nivel global son, principalmente, para políticos y grandes empresarios y los demás podemos contentarnos con demandarles soluciones.

Por otro lado, está en _____ actuar localmente, en cada uno de nuestros actos cotidianos. Demasiadas veces podemos elegir entre cerrar o no cerrar un grifo que gotea.

Las _____ _____ locales tienen eco a nivel global, aunque muchas veces ese eco no pueda oírse y, por consiguiente, puede dar la sensación de no obtener recompensa. No hay que _____ esperando ver las consecuencias, sino sabiendo que cada pequeño acto influye a nivel más global y más aún cuando se junta con miles de _____.

[...] Cerrar _____ nos hace ahorrar poca agua, pero si ese ahorro lo juntamos con el ahorro de una _____ y con el ahorro de miles de ciudadanos, obtenemos un resultado global _____. [...]

GÓMEZ, José Galindo. *Salvemos nuestro planeta*: tecnología, economía y filosofía para la sostenibilidad de nuestro modo de vida. [S. l.]: Lulu, 2019.

4 Escucha la grabación una vez más y contesta a las preguntas.

a. ¿Quién puede actuar globalmente?

b. ¿Quién puede actuar localmente?

c. ¿Qué pueden hacer las personas que actúan localmente en relación a las personas que actúan globalmente?

d. ¿Por qué muchas veces los pequeños actos locales dan la sensación de no recibir recompensa?

e. ¿Podemos tener un resultado global cerrando un grifo que gotea? ¿Por qué?

5 Ahora, discute con tus compañeros y responde oralmente a las preguntas.

a. ¿Qué quiere decir "Piensa globalmente y actúa localmente"?

b. Además de las soluciones citadas en el texto, ¿qué otras cosas podríamos hacer para actuar localmente?

c. ¿Qué haces efectivamente para ayudar nuestro planeta?

d. ¿Cuál es la relación entre el consumismo y la preservación del planeta?

¿Cómo se escribe?

Los sinónimos y los antónimos

1 Escucha y lee los siguientes versos.

¡Ara y canta!

[...]
Ara tranquilo, **labriego**
y piensa que no tan ciego
fue tu **destino** contigo,
que el campo es un buen amigo
y es dulce miel su **sosiego**,

y es salud el puro día,
y estas **bregas** son vigor,
y este ambiente es **armonía**,
y esta luz es alegría...
¡Ara y canta, labrador!

GABRIEL Y GALÁN, José María. ¡Ara y canta! *In*: GABRIEL Y GALÁN, José María. *Obras completas*. Madrid: Librería de Fernando Fe, t. 2, 1909.

2 Relaciona las palabras destacadas en el poema de la actividad anterior con los sinónimos que las corresponden.

a. ara

b. labriego

c. destino

d. sosiego

e. bregas

f. armonía

○ sino

○ equilibrio

○ labra

○ faenas

○ labrador

○ tranquilidad

3 Busca en el texto de la actividad 1 los antónimos de las siguientes palabras.

a. tristeza _____

b. nervioso _____

c. enfermedad _____

d. amarga _____

e. enemigo _____

f. noche _____

116

4 Ahora, completa las definiciones con las palabras del recuadro.

antónimas   sinónimas

a. Palabras o expresiones que tienen una misma significación, o significados muy parecidos, son _____.

b. Palabras que expresan una idea opuesta o contraria a otras son _____.

5 Relaciona las palabras destacadas en las frases con sus sinónimos.

a. Un barco acaba de **lanzar** petróleo en el golfo de México.

b. Ese niño tan **pequeño** ya sabe algo de ecología.

c. La **danza** flamenca es una de las más típicas de España.

d. Para ayudar en la protección ambiental, debes **economizar** energía.

e. Cuando vayas a **elegir** un producto, sé un consumidor responsable.

f. El cambio climático no es un **embuste**.

g. Con un **simple** gesto puedes ayudar a tu planeta.

h. El bosque tropical del Amazonas es muy **hermoso**.

○ mentira
○ arrojar
○ chico
○ sencillo
○ ahorrar
○ escoger
○ bonito
○ baile

6 Ahora, relaciona las palabras destacadas con sus antónimos.

a. El chocolate que tomé estaba **frío**.

b. Él se sentía **fuerte** para seguir adelante.

c. Cuando lo conocí ese río estaba **limpio**.

d. No sé si voy al teatro, creo que ahora estará **lleno**.

e. Para ir a su casa hay que **subir** por esta calle.

f. No lo llames por teléfono ahora que es muy **temprano**.

g. Siento una gran **alegría** cuando la veo.

h. Esta foto está muy **clara** y no se ve bien.

○ sucio
○ tarde
○ tristeza
○ bajar
○ caliente
○ oscura
○ vacío
○ débil

¿Vamos a leer?

1 ¿Qué les dirías a los adolescentes si fueras un líder ambiental?

_____

_____

_____

_____

2 Lee el título del texto de la actividad 3 y habla con tus compañeros: ¿qué es solidaridad global? ¿Qué significa la existencia de una crisis del agua y cómo eso nos puede afectar?

3 Lee el discurso de la joven activista chilena Catalina Silva y descubre por qué lo ha escrito.

Solidaridad global frente a la crisis del agua

Marzo 16, 2021

Creado por Catalina Silva

> Con motivo del Día Mundial del Agua, que se celebra cada año el 22 de marzo, el Presidente de la Asamblea General de Naciones Unidas convocó una reunión de alto nivel para promover la implementación de los objetivos y metas relacionados con el agua de la Agenda 2030. Catalina Silva, una activista chilena y embajadora de la juventud de CONCAUSA de 20 años, compartió este discurso ante las autoridades. […]

Señor Presidente, Excelencias, Señoras y Señores:

Vengo de la tierra del hielo en Patagonia; tierras que han enfrentado la transformación geológica durante miles de años y en las que experimentamos la incertidumbre cotidianamente. Soy de Villa O'Higgins, un pequeño poblado chileno ubicado entre las montañas de los Andes australes, donde se encuentra Campo de Hielo Patagónico, la tercera reserva de agua dulce sólida a nivel mundial, después de la Antártica y Groenlandia.

Tenía ocho años y el árbol sobre mi cabeza parece que no tenía fin hacia el cielo, cuando este territorio vasto y poco poblado me brindó la oportunidad de participar en una serie de investigaciones científicas que buscaban descifrar la biodiversidad de diferentes cuerpos de agua. Fueron cinco años estudiando el lago O'Higgins, lago más profundo de América y quinto a nivel mundial, del cual no se sabía mucho hasta que llegamos dos adolescentes y decidimos investigar la riqueza y la abundancia de diferentes microalgas que abundaban en este lago.

Vengo de una tierra en la que los niños y las niñas decidimos descubrir los secretos que habitaban nuestros pies, y en el camino, ir compartiendo todo ese conocimiento que habitaba el fin del mundo mediante documentales, cápsulas educativas, y a la par, alertando a la comunidad sobre las más grandes amenazas.

Con siete años, experimenté desde el territorio lo que es luchar contra un megaproyecto hidroeléctrico que quería detener el agua de nuestros caudales y restringir el acceso a nuestra comunidad.

Con diez años, caminé por primera vez sobre un glaciar. Sus grietas me generaban algo de temor; era un terreno frágil y desconocido que se abría ante mis ojos. Volví cuatro años más tarde a esa montaña. Lamentablemente me encontré con un panorama muy diferente: esos glaciares, que en mi niñez cubrían grandes laderas, habían retrocedido, dejando a su paso modificados ecosistemas. Pero esta vez no era producto a una transnacional, eran los efectos de una pandemia silenciosa que hoy ataca a todo nuestro planeta: son los efectos del cambio climático.

Los glaciares de Patagonia son una reserva de agua para la humanidad; vivimos en un lugar privilegiado donde el líquido esencial es abundante. Y aquí, en la tierra del hielo, sabemos que tenemos la responsabilidad de protegerlos. Una responsabilidad que es compartida con toda la humanidad: reducir la huella de carbono y cuidar este tesoro natural.

Catalina Silva, embajadora de Concausa.

SILVA, Catalina. Solidaridad global frente a la crisis del agua. *La Juventud Opina*. Santiago, 16 mar. 2021. Disponible en: www.voicesofyouth.org/es/dia-mundial-agua-clima-jovenes-catalina-silva. Accedido el: 3 jun. 2021.

4 Vuelve a leer el discurso y escribe **V** si la afirmación es verdadera o **F** si es falsa.

a. ◯ Catalina Silva se considera una líder ambientalista de la Patagonia argentina.

b. ◯ Empezó a hacer investigaciones científicas cuando tenía ocho años.

c. ◯ Los niños y niñas están entre las mayores amenazas de la Patagonia.

d. ◯ Catalina apoyó la construcción de la hidroeléctrica por razones económicas.

e. ◯ Los glaciares son una abundante reserva de agua para la humanidad.

5 Contesta a las preguntas.

a. ¿Cómo empieza Catalina Silva sus primeras investigaciones científicas en que vive chilena?

b. ¿Cómo describe la joven a los niños y niñas de la región en que vive?

_____
_____
_____

c. ¿Qué percibió Catalina en su segunda visita a los glaciares?

_____
_____

d. ¿Qué importancia tienen los glaciares de la Patagonia chilena?

_____
_____
_____
_____

e. Según Catalina, ¿cuál es la "pandemia silenciosa" que está amenazando a los glaciares y a todo el mundo?

_____
_____

f. ¿Cuáles son los impactos de esa "pandemia silenciosa" en la región en que vives?

_____
_____
_____
_____
_____
_____

6 ¿Qué significa la expresión destacada en el fragmento del discurso?

> [...] todo ese conocimiento que habitaba el fin del mundo mediante documentales, **cápsulas educativas**, y a la par, alertando a la comunidad sobre las más grandes amenazas.

○ contenidos cortos   ○ píldoras para la salud   ○ largas clases

Discurso es un tipo de producción esencialmente oral, que tiene como base un texto escrito, de carácter expositivo y argumentativo, didácticamente organizado. Su objetivo es convencer al lector o al oyente de la importancia del tema que se presenta: político, ambiental, etc.

¿Cómo funciona?

El imperativo

1 Completa el texto con los verbos del recuadro. Después, escucha la grabación y comprueba las respuestas.

| lleva (2 veces) | tires | da | recicla (2 veces) | apaga |
| compres (2 veces) | echa | rechaza | ahorra | usa |

Cosas sencillas que tú puedes hacer para salvar la Tierra

- _____ la propaganda que recibes, tanto los sobres como las hojas.

- _____ menos detergente. Los fabricantes siempre recomiendan una cantidad superior a la realmente necesaria.

- Cuando salgas al campo, _____ bolsas para recoger tus residuos y los que puedas encontrar.

- _____ el papel higiénico en el cubo de la basura y no en el inodoro.

- _____ tus periódicos. Frecuentemente se paga algo por el papel.

- _____ la lata, no la _____.

- _____ agua.

- _____ una bolsa de tela o red cuando vayas a comprar y _____ las de plástico.

- ¡No _____ ningún objeto de marfil, nunca!

  Tampoco _____ coral, pieles o animales y plantas que estén en peligro de extinción.

- _____ las luces siempre que no las uses.

Podemos hacer cosas sencillas para preservar el planeta.

Fuente de la información: http://biblioteca.usac.edu.gt/EPS/07/07_7375.pdf. Accedido el: 24 jun. 2021.

2. Ahora, observa las reglas de formación y el uso del imperativo:

- Se usa el modo imperativo para expresar órdenes, mandatos, ruegos y deseos.

- En general, el imperativo deriva del presente de subjuntivo.

- Pero la segunda persona del singular (tú) del imperativo afirmativo deriva del presente de indicativo (sin la **s**): *tú bailas – baila* (*tú*).

- Y la segunda persona del plural (vosotros/as) del imperativo afirmativo se forma con el infinitivo, cambiando la **r** por la **d**: *cantar – cantad* (*vosotros/as*).

- En el imperativo negativo se usan, para todas las personas, las formas del presente de subjuntivo.

No se usa el imperativo con las personas **yo**, **él**, **ella**, **ellos** y **ellas**.

3 Observa las tablas a continuación y completa los huecos.

Cantar (1.ª conjugación)

Presente de subjuntivo		Imperativo	
		afirmativo	negativo
(que tú)	cant**es**	cant**a** (tú)	_____ (tú)
(que usted)	cant**e**	cant**e** (usted)	no cant**e** (usted)
(que nosotros/as)	cant**emos**	_____ (nosotros/as)	_____ (nosotros/as)
(que vosotros/as)	cant**éis**	cant**ad** (vosotros/as)	no cant**éis** (vosotros/as)
(que ustedes)	cant**en**	_____ (ustedes)	_____ (ustedes)

Comer (2.ª conjugación)

Presente de subjuntivo		Imperativo	
		afirmativo	negativo
(que tú)	com**as**	com**e** (tú)	no com**as** (tú)
(que usted)	com**a**	_____ (usted)	_____ (usted)
(que nosotros/as)	com**amos**	com**amos** (nosotros/as)	no com**amos** (nosotros/as)
(que vosotros/as)	com**áis**	_____ (vosotros/as)	_____ (vosotros/as)
(que ustedes)	com**an**	com**an** (ustedes)	no com**an** (ustedes)

Partir (3.ª conjugación)

Presente de subjuntivo		Imperativo	
		afirmativo	negativo
(que tú)	part**as**	part**e** (tú)	_____ (tú)
(que usted)	part**a**	part**a** (usted)	no part**a** (usted)
(que nosotros/as)	part**amos**	_____ (nosotros/as)	_____ (nosotros/as)
(que vosotros/as)	part**áis**	_____ (vosotros/as)	_____ (vosotros/as)
(que ustedes)	part**an**	part**an** (ustedes)	_____ (ustedes)

4 Completa el recuadro con los verbos en imperativo afirmativo.

Amar	Correr	Vivir	Estudiar	Beber	Bailar	Mirar	Llegar	
ama	corre		estudia			mira	llega	(tú)
		viva		beba	baile			(usted)

5 Solo hay ocho casos de irregularidades particulares en el imperativo. Observa el recuadro y completa las frases a continuación.

Hacer	Poner	Ser	Tener	Decir	Ir	Salir	Venir	
haz	pon	sé	ten	di	ve	sal	ven	(tú)
haga	ponga	sea	tenga	diga	vaya	salga	venga	(usted)

a. _____ (**poner, tú**) la basura en el contenedor correcto.

b. Juan, _____ (**venir**) a casa y _____ (**hacer**) los deberes ahora mismo.

c. Doña María, por favor, _____ (**decir**) al director que necesito hablarle.

d. _____ (**ser**) más observador, Luis, te estás perdiendo el partido.

e. Susana, ¡_____ (**salir**) del baño ya!, tenemos que ahorrar agua.

f. _____ (**tener, tú**) cuidado, pues esa calle es muy peligrosa.

6 Completa los consejos con el imperativo afirmativo o con el negativo.

a. _____ (**envenenar**) la naturaleza si queremos sobrevivir.

b. _____ (**tirar, vosotros**) los papeles al suelo.

c. _____ (**mantener, ustedes**) la ciudad limpia.

d. _____ (**mantener, tú**) la ducha abierta solo el tiempo indispensable.

e. _____ (**luchar, vosotros**) por una vida sana.

f. _____ (**dejar**) el grifo abierto mientras os laváis los dientes.

g. _____ (**reducir, nosotros**) al máximo el consumo de papel.

El imperativo de verbos pronominales

1 Observa la conjugación del imperativo afirmativo en tres ejemplos de verbos pronominales.

Acostarse	Esconderse	Vestirse
acuéstate (tú)	escóndete (tú)	vístete (tú)
acuéstese (usted)	escóndase (usted)	vístase (usted)
acostémonos (nosotros/as)	escondámonos (nosotros/as)	vistámonos (nosotros/as)
acostaos (vosotros/as)	escondeos (vosotros/as)	vestíos (vosotros/as)
acuéstense (ustedes)	escóndanse (ustedes)	vístanse (ustedes)

> En el imperativo afirmativo se producen dos cambios en los verbos pronominales:
> - la 1.ª persona de plural pierde la **s**: lavemos + nos → lavémonos.
> - la 2.ª persona de plural pierde la **d**: lavad + os → lavaos.

2 Rellena los huecos con los verbos entre paréntesis en imperativo afirmativo.

a. _____ (**servirse**) más comida, Juan, no has comido nada.

b. _____ (**sentarse, ustedes**) que Paco va a empezar la función.

c. _____ (**levantarse, nosotros**), la película ya ha terminado.

d. _____ (**ofrecerse, nosotros**) para ayudar a la campaña en contra del derroche.

e. _____ (**darse**) la vuelta para que salgáis en la foto.

f. _____ (**despedirse, vosotros**) de los abuelos que ya nos vamos.

g. _____ (**esconderse, nosotros**) para que Águeda se sorprenda con la fiesta.

h. _____ (**irse, nosotros**) de aquí, estoy muy cansada.

i. _____ (**ponerse, nosotros**) el casco, no es seguro ir en moto sin él.

¿Vamos a producir?

La conferencia

La conferencia es un tipo de producción oral en la que los participantes presentan un tema con el objetivo de encontrar soluciones para problemas de interés colectivo. Aunque sea un género de expresión oral, un discurso escrito necesita orientar didácticamente lo que se pretende decir. Se trata de un texto de naturaleza expositiva y argumentativa.

Ahora, sigue las etapas para preparar un discurso para una conferencia sobre el cambio climático.

Preparación

1. Elige un problema ambiental de tu barrio y organiza la información.

Problema:	
Presentación	Descripción: Impactos:
Argumentos	
Propuesta de intervención	

2. Verifica si las informaciones son suficientes para la producción de tu discurso.

Producción

1. Prepara en tu cuaderno tu discurso para la conferencia.
2. Organiza el texto en tres partes: presentación del tema, argumentos e intervención.
3. Fíjate en el tono argumentativo y en el objetivo del discurso.

Revisión

1. Intercambia tu discurso escrito con un compañero y haz sugerencias para su texto.
2. Devuélvele el discurso comentado y revisa los comentarios que él te ha hecho.
3. Ensaya tu presentación oral, con base en el discurso escrito que has producido.

Versión final

1. Presenta tu discurso en la conferencia.
2. Discute con tus compañeros cuáles son las mejores propuestas y cómo realizarlas.

¡Entérate!

La contaminación de los océanos

La composición química de los océanos, su temperatura y biodiversidad impulsan la vida en el planeta. En los últimos años, se estima que un 40% de los océanos sufren con la contaminación. ¿Conoces las principales amenazas a los océanos? ¿Cómo crees que podemos reducir la contaminación marítima? Lee el texto para enterarte de ese tema.

Océanos: desafío con impacto económico

Vafa Ahmadi | 7:00 - 31/05/2021

Los océanos cubren el 71% de nuestro planeta. Mientras que la actividad humana está esencialmente en tierra, los 360 millones de km² de agua juegan un papel vital en la vida humana y en nuestras actividades comerciales. Alimentos, energía, recursos minerales, transporte marítimo —la lista es interminable—. En medio de la crisis climática incipiente, la conservación de nuestros océanos será un reto importante para los años venideros. [...]

Contaminación ambiental en el canal de Panamá.

Hoy los océanos se enfrentan a una serie de amenazas, siendo las más graves el aumento de su acidez, como resultado directo del aumento de las temperaturas del mar. El menor pH del agua de mar tiene un impacto dramático en los ecosistemas, ya que limita la capacidad del plancton para reproducirse. Mientras tanto, la contaminación plástica (botellas, envases, pajitas, bolsas) es otra amenaza, con 13 millones de toneladas que terminan en los océanos cada año, siendo el 90% microplásticos invisibles a simple vista. La sobrepesca es también una amenaza importante, con un tercio de las poblaciones sobreexplotadas y el 20% de la captura mundial en pesca ilegal, no declarada o no regulada.

[...]

AHMADI, Vafa. Océanos: desafío con impacto económico. *El Economista*. Madrid, 31 mayo 2021. Disponible en: www.eleconomista.es/opinion-blogs/noticias/11240210/05/21/Oceanos-desafio-con-impacto-economico.html. Accedido el: 7 jul. 2021.

---

1 Según el texto, ¿qué importancia tienen los océanos para la vida terrestre?

2 ¿Cuáles son las principales amenazas a los ecosistemas marinos?

3 ¿Cómo crees que puedes colaborar para reducir la contaminación de los océanos?

Sigue explorando

Biodiversidad preservada

Cada año, la sobreexplotación y el uso indiscriminado de los recursos naturales representan una creciente amenaza a la biodiversidad de muchos países hispanohablantes, sobre todo los que están ubicados en América Latina. Sin embargo, la gran diversidad natural del continente nos regala también riquezas y bellezas que se mantienen conservadas. Conoce dos importantes reservas naturales:

Cenotes de Yucatán (México)

Los cenotes son espejos de agua y paredes de roca con vegetación, ubicados a poca distancia de lugares turísticos, como Cancún o Tulum.

Parque Nacional Canaima (Venezuela)

Al sureste de Venezuela, el parque guarda su encanto en los ríos y los saltos de agua, a los que se puede llegar en canoas.

Ahora, investiga otros sitios naturales preservados en España e Hispanoamérica y elige el que más te llama la atención para presentarlo en clase:

- Busca información en Internet.
- Selecciona imágenes, audios y/o videos de los sitios elegidos.
- Organiza tu investigación en una presentación para compartir con tus compañeros.

Para explorar más

- Calculadora de Huella Ecológica Personal. Disponible en: http://huella-ecologica.ambiente.gob.ec/calculadora_personal.php. Accedido el: 11 jun. 2021.
  El Ministerio del Ambiente de Ecuador desarrolló una calculadora en la que ingresas las cantidades de lo que consumes y descubres tu impacto en el planeta.
- Fondo Mundial para la Naturaleza. Disponible en: www.wwf.es/. Accedido el: 10 jun. 2021.
  Bajo el lema "Por un futuro en el que los humanos vivan en armonía con la naturaleza", el Fondo Mundial para la Naturaleza (WWF, por sus siglas en inglés) lleva a todo el mundo la misión de luchar por la conservación ambiental.
- RÍO. Intérprete: Aterciopelados. Compositores: Andrea Echeverri y Héctor Buitrago. *In*: RÍO. Intérprete: Aterciopelados. Bogotá: Nacional Records, 2008. 1 CD, pista 1.
  La canción *Río*, del grupo colombiano de *rock* Aterciopelados, llama la atención hacia la necesidad de preservación del agua del planeta.

UNIDAD 6

FIESTAS Y TRADICIONES

◆ ¿Qué tradición está representada en la imagen? ¿Cómo están vestidas las personas?

◆ ¿Conoces otras fiestas populares de países hispanohablantes? ¿Qué fiestas y dónde se realizan?

◆ En tu opinión, ¿las fiestas populares representan la cultura de un país? ¿Por qué?

Las fiestas y tradiciones populares son la representación de la diversidad cultural de un país, región o grupo social. A través de ellas es posible conocer costumbres, creencias, hábitos alimentarios, es decir, saberes que se transmiten de generación en generación. ¿Vamos a conocer algunas fiestas populares hispanas?

Celebración al Día de Muertos, en México.

¿Cómo se dice?

1 Lee y escucha las descripciones de algunas de las fiestas populares de España.

Los Conciertos de las Velas

Cada primer y segundo sábado de julio, se celebran en Pedraza [Segovia] los Conciertos de las Velas. Organizados por la Fundación Villa de Pedraza, se trata de un espectáculo sublime en que se puede contemplar la belleza de Pedraza iluminada en su totalidad por la luz de miles de velas mientras se asiste a conciertos con carteles del más alto nivel en entornos tan privilegiados como la Plaza Mayor de la Villa o el patio de armas del Castillo.

LOS CONCIERTOS de las Velas. *La Casa del Serrador*. Disponible en: https://pedrazarural.com/entorno. Accedido el: 6 jun. 2021.

Turistas observan la celebración Conciertos de las Velas, en Pedraza, Segovia, España.

Feria de Abril

La Feria de Abril es una de las fiestas típicas de Sevilla. Suele celebrarse en abril o mayo y tiene como características principales la construcción de casetas adornadas con muchos colores y farolillos, música (en especial, sevillana), baile, comida y mucha alegría. Todo eso hace de ella una fiesta tan típica como grandiosa.

FERIA de Abril. *Trivago*. Disponible en: www.trivago.com.co/sevilla-31533/fiestaseventos/feria-de-abril-151756. Accedido el: 6 jun. 2021.

Pareja baila en la Feria de Abril, en Sevilla, España.

Las Fallas

Las Fallas son las fiestas patronales de Valencia. Se celebran todos los años del 1 al 19 de marzo. En ese periodo se pueden visitar los monumentos falleros (grandes obras esculturales hechas de cartón y madera), se toma chocolate caliente con churros o buñuelos y se asiste a las grandes mascletàs* (que se celebran cada mediodía, a las 14 horas, disparadas por los mejores pirotécnicos), a los fuegos artificiales que se lanzan en la Alameda y a la emocionante ofrenda que le dedican todos los falleros y falleras a su santa protectora, la Virgen de los Desamparados. El día 19 de marzo por la noche, como colofón a esas fiestas, se prende fuego a todos los monumentos falleros.

* Serie de petardos, típicos de las fiestas valencianas, que explotan uno tras otro.

Las calles se iluminan por la noche durante las Fallas, en Valencia, España.

Fuente de la información: www.visitvalencia.com/agenda-valencia/fiestas/las-fallas-de-valencia. Accedido el: 6 jun. 2021.

Los Sanfermines

El día 7 de julio (o más exactamente desde su víspera) empieza una semana de fiesta popular centrada en el casco antiguo de Pamplona: los Sanfermines (o San Fermines).

El comienzo es el famosísimo chupinazo, el disparo de un cohete anunciador de las fiestas desde el balcón principal del ayuntamiento, frente a una plaza llena hasta lo inimaginable de miles de personas que se aprietan durante horas y gritan juntos: ¡Viva San Fermín! ¡Gora San Fermín! La fiesta, que dura hasta el 14 de julio, llena las calles de pamploneses y de forasteros las 24 horas del día: el popular y peligroso encierro, juerga en las calles, corridas de toros, música, fiesta y comidas a todas horas. Es común que la gente vaya vestida de blanco y con una boina roja.

Los pañuelos rojos alzados son un símbolo de los Sanfermines, en Pamplona, España.

Fuente de la información: www.sanfermin.com/es/guia-de-la-fiesta/que-es-sanfermin/. Accedido el: 6 jun. 2021

2 Vuelve a leer las descripciones y escribe **V** si la afirmación es verdadera o **F** si es falsa.

a. ◯ En los Conciertos de Velas hay también espectáculos de música.

b. ◯ Las Fallas son las fiestas patronales de Barcelona.

c. ◯ Los Sanfermines son una fiesta popular en el casco antiguo de Pamplona.

d. ◯ El encierro es una de las actividades populares más seguras de España.

e. ◯ La Feria de Abril siempre se celebra el mes de abril.

f. ◯ Las sevillanas son un género musical que forma parte de la Feria de Abril.

3 Ahora contesta a las preguntas.

a. ¿Cómo son los Conciertos de las Velas?

_____
_____

b. ¿Cuáles son las características principales de la Feria de Abril?

_____
_____

c. ¿Qué son las Fallas? ¿Cuál es la principal característica de esa fiesta?

_____
_____
_____

d. ¿Dónde y cuándo se realiza la fiesta popular de San Fermín?

_____

Fiestas populares

1 Lee las descripciones y relaciona las imágenes con las fiestas populares.

a.
El Festival de Parintins.

b.
Inti Raymi.

c.
Feria de las Flores.

d.
Fiesta de la Vendimia.

e.
Fiesta de la Tirana.

○ Es una fiesta popular que se realiza a principios de agosto, en la ciudad de Medellín, en Colombia. Las calles de la ciudad se llenan de flores para celebrar una festividad con muchos colores, que atrae a visitantes de muchas partes del mundo.

○ Es una celebración religiosa en honor a la Virgen del Carmen que se realiza cada año el 16 de julio en el pueblo de La Tirana, comuna de la región de Tarapacá, en Chile.

○ El festival folclórico brasileño se realiza en el estado de Amazonas. Se trata de una representación a cielo abierto en la que dos asociaciones compiten: el Boi Caprichoso, de color azul, y el Boi Garantido, de color rojo.

○ En el idioma quechua, significa "fiesta del Sol". Es una ceremonia de origen inca y andino, que se realiza el 24 de junio en honor al dios sol Inti. Se celebra el inicio del nuevo año solar, según la tradición de los ancestros, que adoraban al Sol como fuente de luz y vida.

○ Es una fiesta tradicional que se realiza en la ciudad de Mendoza, en Argentina, entre los días 28 de febrero y 7 de marzo. Esa tradición popular celebra el fin de la cosecha de la uva y su transformación en vino.

Bailes tradicionales

1 Mira las imágenes y lee los nombres de algunos bailes tradicionales de países hispanos. ¿Qué crees que tienen en común? ¿En qué son diferentes?

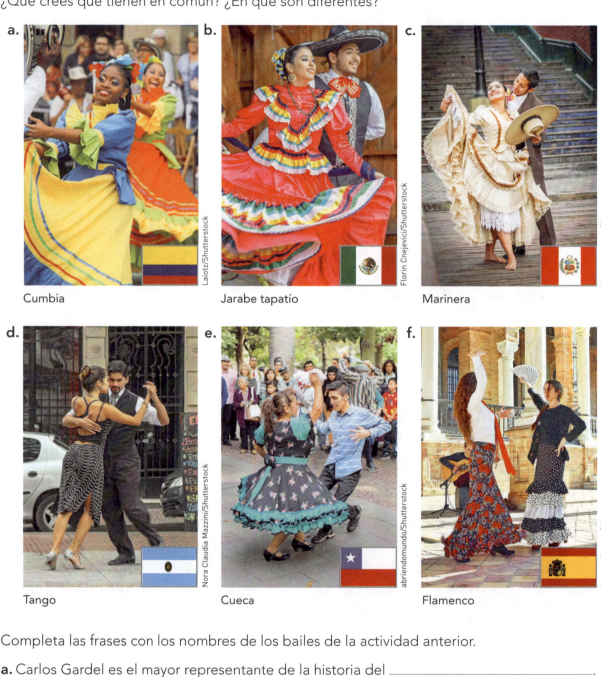

a. Cumbia
b. Jarabe tapatío
c. Marinera
d. Tango
e. Cueca
f. Flamenco

2 Completa las frases con los nombres de los bailes de la actividad anterior.

a. Carlos Gardel es el mayor representante de la historia del _____.

b. La _____ chilena es una danza de parejas muy tradicional.

c. Las sevillanas son una variante muy popular del tradicional baile _____.

d. Cuando fui a Colombia, vi una presentación de _____.

e. El _____ es originario del estado de Jalisco, en México.

f. La _____ se baila sin zapatos.

¿Entiendes lo que oyes?

1. ¿Qué te parecen las fiestas y tradiciones que utilizan los animales como entretenimiento? Habla con tus compañeros.

2. Escucha la grabación y completa los huecos del artículo.

La crueldad de las fiestas de San Fermín

Los toros son forzados a correr por las calles de Pamplona durante la fiesta de San Fermín.

Todos los toros que corren en las calles de Pamplona durante los "_____",
del 7 al 14 de julio, son matados esa misma tarde _____,
en nombre de San Fermín y su "fiesta" tradicional. Torturar y matar animales indefensos no debería ser celebrado como una tradición. La gente siempre utiliza la tradición para

justificar hechos horribles, _____.
Pero que algo sea una tradición no significa que sea éticamente correcto. Las corridas de toros son un deporte cruel que debería existir solo en los libros de historia.

No importa lo que digan, las corridas de toros son _____
_____ por entretenimiento de unos cuantos. […]

[…] Los toros son criados en los campos y no están acostumbrados al ruido ni las aglomeraciones de personas. Una vez que se abren los corrales, son obligados a correr mediante *shocks* eléctricos y gritos, y para que "ataquen" y corran a toda velocidad son

_____ por los "corredores" que usualmente llevan

periódicos para estos efectos. Las esquinas de las calles de Pamplona son muy cerradas, y los animales suelen resbalar y caerse, _____ con los muros o las barreras de contención, _____ los miembros y, eventualmente, _____ entre ellos cuando caen en bloque. Esto, además de las heridas que pueden causar a los corredores que también caen en las calles. Todos los toros que por las mañanas corren en Pamplona van directo _____ _____ que se celebran por la tarde en la misma plaza de toros donde son encerrados por las mañanas. [...]

LA CRUELDAD de las fiestas de San Fermín y las corridas de toros. *El Cartero de Pinamar*. Disponible en: https://elcarterodepinamar.com.ar/index.php?notaid=201571383948. Accedido el: 6 jun. 2021.

3 Marca verdadero (**V**) o falso (**F**) según el texto.

a. ◯ Los toros que corren por las mañanas en las calles de Pamplona durante los "encierros" de Sanfermines se sueltan en el campo por las tardes.

b. ◯ Que algo sea una tradición no significa que sea éticamente correcto.

c. ◯ No importa lo que digan, las corridas de toros son puro entretenimiento para todos.

d. ◯ Los toros son criados en los campos y no están acostumbrados al ruido ni a las aglomeraciones de personas.

e. ◯ Los "corredores" que participan de las fiestas de San Fermín quieren proteger a los toros.

f. ◯ Para que corran rápidamente por calles, los toros son golpeados y reciben shocks eléctricos.

4 Lee la siguiente afirmación del texto.

> Torturar y matar animales indefensos no debería ser celebrado como una tradición. La gente siempre utiliza la tradición para justificar hechos horribles.

a. ¿Estás de acuerdo con esa afirmación? ¿Por qué?

_____
_____
_____
_____
_____

b. Discute la afirmación con tus compañeros. Expresa tu opinión y escucha las opiniones de ellos.

¿Cómo se escribe?

Dichos y expresiones idiomáticas

1 Relaciona cada expresión idiomática con su significado.

a. A regañadientes.

b. Aguar la fiesta.

c. Andar por las ramas.

d. Cambiar de chaqueta.

e. Coger algo al vuelo.

f. Como quien oye llover.

g. Hacer la vista gorda.

h. Con pelos y señales.

i. Dar calabazas a alguien.

j. Dar el tostón.

k. Dar en el clavo.

l. Dar la nota.

m. Dejar plantado.

n. Devolver la pelota.

ñ. Importar un pimiento.

○ Entender rápidamente.

○ Fingir no darse cuenta de algo.

○ Reprobarlo en una prueba o rechazarlo.

○ Llamar la atención de forma negativa.

○ Molestar, aburrir.

○ Acertar algo.

○ Dejar esperando.

○ Contestar de la misma manera.

○ Interrumpir o frustrar algo alegre.

○ No importar nada.

○ Con todos los detalles.

○ Sin hacer caso.

○ No ser directo.

○ Ser oportunista.

○ Sin ganas y protestando.

> Una expresión idiomática es una frase fija de la lengua, cuyo significado no se puede deducir del sentido de las palabras que la forman; por ejemplo, "dar la lata" significa **molestar**, **aburrir**.

2 Observa las expresiones idiomáticas en destaque en la historieta a continuación y relaciona cada una con su significado.

a. De acuerdo, sí.
b. Meterse en la cama, acostarse.
c. Tarde.
d. Decir lo que piensa, reñir.
e. Mal aspecto, cara de enfado.
f. Aburrir, molestar.
g. Dinero.
h. Cometer un error, equivocarse.
i. Cambiar de mentalidad o actividad.
j. Tranquilo.

3 Ahora busca en la sopa de letras las palabras adecuadas para completar las frases hechas destacadas en el diálogo a continuación.

```
Ñ U B E R F A R O L E S Z
E N T A U I V I S T P L O
C H I P X E T A T E O Ñ L
H A M U R S E R T N A W L
Q P L A N T A D A E P V U
U T L L Ñ A D A E O U O Z
I D O A V O D F O N Q U A
L E V S E C A B R O M A P
L R E T S H C O S T E A I
G O R D A L F E B A R R X
```

¿Vamos a leer?

1 ¿Cómo se celebra el carnaval en Brasil? ¿Es igual en todas las zonas del país? Mira las imágenes y habla con tus compañeros.

a.
El *maracatu* en el carnaval de Recife, Pernambuco.

b.
Filhos de Gandhi en el carnaval de Salvador, Bahia.

c.
El bloque de carnaval *Boi Faceiro* desfilando por las calles de São Caetano de Odivelas, Pará.

d.
Mestre-sala y *porta-bandeira* en el carnaval de Río de Janeiro.

2 Mira la lista y señala las características del carnaval.

○ Se celebra en un solo día.
○ Es una fiesta popular.
○ Se celebra en varios días.
○ Es una fiesta patronal.
○ Hay música y baile.
○ Es celebrado en febrero o marzo.
○ Es lo mismo en todo el mundo.
○ La gente lleva disfraces.
○ Es una fiesta pagana.
○ Solo existe en Brasil.

3 ¿Te gusta el carnaval? ¿Cómo lo celebras? Habla con tus compañeros.

4 ¿Cómo se celebra el carnaval en Colombia? Lee el artículo y descúbrelo.

En el Carnaval de Barranquilla se observan muchos disfraces.

Vive y goza el Carnaval de Barranquilla

Estamos seguros de que, desde que empezaste a planear tu viaje a Colombia, te has topado más de una vez con una recomendación: ¡ve al Carnaval de Barranquilla! Pues ahora es momento de que sepas que quienes te dicen eso… ¡tienen toda la razón!

El Carnaval de Barranquilla es, sin duda alguna, la principal de todas las fiestas de Colombia. Tal es su importancia que la propia Unesco lo declaró Obra Maestra del Patrimonio Oral e Intangible de la Humanidad.

Esto se debe a los cuatro intensos días que componen el Carnaval y que hacen de este evento cultural y folclórico un ejemplo único de diversidad étnica, alegría, baile, música y tradición.

¿Cuándo se celebra el Carnaval de Barranquilla?

El Carnaval se celebra antes del Miércoles de Ceniza, lo que suele suceder en los meses de febrero o marzo. Sin embargo, la fiesta es tan grande que cuenta con un precarnaval, el cual comienza a mediados de enero.

Desde entonces, y hasta el inicio oficial del Carnaval, la alegre ciudad de Barranquilla se llena de fiestas callejeras, comparsas y desfiles en los que participan cerca de 500 agrupaciones folclóricas, además de artistas locales e internacionales.

[…]

Personas bailando durante el Carnaval de Barranquilla.

Grandes momentos del Carnaval

En los cuatro días que dura el Carnaval de Barranquilla, se viven momentos esperados por todos, como la Batalla de Flores, que consiste en un desfile de carrozas, comparsas, grupos de bailes y disfraces. Todo ello es presidido por la Reina del Carnaval, que baila y arroja flores a los espectadores, mientras es acompañada por una corte de príncipes y princesas.

Algo que hace muy especial a la Batalla de las Flores es que esta es animada por los personajes más tradicionales de la mitología del Carnaval, como el Rey Momo, María Moñitos y el Hombre Caimán, que ponen sabor y ritmo para que goces al máximo de este evento.

Otro momento clave del Carnaval de Barranquilla es, por supuesto, su cierre, en el que se entierra simbólicamente a Joselito Carnaval, el personaje más representativo de la fiesta y la alegría de la costa Caribe.

En su entierro, Joselito es llorado y sepultado simbólicamente por viudas alegres que festejaron con él lo mejor del Carnaval.

Este impresionante colofón da fin a una celebración de cuatro días que se lleva a cabo todos los años desde el siglo XIX y que ha hecho de Barranquilla un destino para todos los amantes del ritmo, el baile, el colorido y la cultura.

Únete a una de las mejores ferias y fiestas de Colombia y al segundo carnaval más grande del mundo. Una tradición colombiana que te envolverá con su color, ritmo y alegría. El Carnaval de Barranquilla te da la bienvenida, al país más acogedor del mundo.

Personas disfrazadas de marimonda en el Carnaval de Barranquilla.

VIVE y goza el Carnaval de Barraquilla. PROCOLOMBIA. Disponible en: www.colombia.travel/es/barranquilla/carnaval-de-barranquilla. Accedido el: 6 jun. 2021.

5 Vuelve a leer el artículo y escribe **V** si la afirmación es verdadera o **F** si es falsa.

a. ◯ El Carnaval de Barranquilla es un Patrimonio Cultural Inmaterial de la Humanidad.

b. ◯ La fiesta se celebra durante los siete días antes del inicio de la Cuaresma.

c. ◯ El precarnaval empieza dos semanas antes de la fiesta oficial.

d. ◯ Cientos de agrupaciones participan del carnaval oficial de Barranquilla.

e. ◯ La Batalla de las Flores consiste en una guerra de flores entre el público y la reina del carnaval.

f. ◯ Barranquilla es un destino perfecto para los amantes del carnaval.

6 Contesta a las preguntas.

a. ¿Cómo se describe el Carnaval de Barranquilla?

_____
_____
_____
_____

b. ¿Cómo se define la atmósfera de la ciudad de Barranquilla antes y durante el carnaval?

_____
_____
_____
_____

c. ¿Quiénes son los personajes que alegran los días de fiesta durante el carnaval?

_____
_____
_____

d. ¿Qué importancia tiene el personaje Joselito para la fiesta? ¿Qué relación tienen con el cierre del carnaval?

_____
_____
_____
_____
_____
_____

7 ¿Qué significan las expresiones destacadas en estos fragmentos del texto?

a. Este impresionante **colofón** da fin a una celebración de cuatro días que se lleva a cabo todos los años desde el siglo XIX [...].

○ Inicio del carnaval.   ○ Mediados de la fiesta.   ○ Conclusión de la fiesta.

b. En su entierro, Joselito es llorado y sepultado **simbólicamente** por viudas alegres que festejaron con él lo mejor del Carnaval.

○ De manera real.   ○ De forma representativa.   ○ De modo imaginario.

8 Busca en el texto las palabras que corresponden a las siguientes definiciones:

a. _____: personas que desfilan juntas en el carnaval y llevan disfraces con trajes del mismo tipo.

b. _____: esculturas elaboradas como alegorías, con material diversificado u otras técnicas que componen el desfile de carnaval.

c. _____: personaje acompañada de una corte de príncipes que baila y arroja flores a los espectadores.

d. _____: personaje que preside el carnaval, a quien se le entregan las llaves de la ciudad.

9 Ahora mira las imágenes e identifícalas con las palabras de la actividad anterior.

a.   b.   c.   d.

_____   _____   _____   _____

El **texto informativo** tiene como objetivo presentar una información de manera clara y concisa. Escrito de forma objetiva, puede contener en su composición explicaciones, referencias reales y concretas acerca del tema tratado.

¿Cómo funciona?

El gerundio

1 Se usa el gerundio para indicar estado o duración de una acción. Observa la terminación de los verbos y completa el cuadro.

1.ª conjugación (-ar ➡ -ando)	2.ª conjugación (-er ➡ -iendo)	3.ª conjugación (-ir ➡ -iendo)
andar ➡ and**ando**	deber ➡	partir ➡
hablar ➡	vender ➡ vend**iendo**	añadir ➡
cantar ➡ cant**ando**	coger ➡	salir ➡ sal**iendo**
llamar ➡	hacer ➡ hac**iendo**	ocurrir ➡

2 Los verbos a continuación presentan gerundio irregular. Observa y completa los cuadros.

a. verbos terminados en **-ir** (cambio vocálico en la 3.ª persona de singular y plural del pretérito perfecto simple):

Infinitivo	Pretérito perfecto simple	Gerundio
s**e**ntir	s**i**ntió	s**i**ntiendo
p**e**dir	p**i**dió	
m**o**rir	m**u**rió	m**u**riendo
d**o**rmir	d**u**rmió	

b. verbo **poder** (cambio vocálico en la 2.ª persona de singular y plural del pretérito perfecto simple):

Infinitivo	Pretérito perfecto simple	Gerundio
p**o**der	p**u**do	

c. verbos de 2.ª y 3.ª conjugaciones cuyo radical termina en vocal:

Infinitivo	Radical	Gerundio
leer	le-	le**yendo**
creer	cre-	
traer	tra-	tra**yendo**
construir	constru-	

Usos del gerundio

1 Relaciona los enunciados teniendo en cuenta los distintos usos del gerundio.

a. **Llegando** a las diez podemos ir a la fiesta.

b. **Lloviendo** y todo no faltaremos.

c. **Preparando** la cena he pensado en invitar a tu hermano.

d. Podemos invitar a todos **enviándoles** un *e-mail*.

○ tiempo
○ condición
○ modo
○ concesión

> Generalmente, se emplea el gerundio para formar oraciones adverbiales que pueden expresar modo, condición, tiempo, concesión y otras circunstancias.

2 Identifica las fiestas y utiliza los verbos del recuadro para describir qué están haciendo las personas en las imágenes.

esperar   celebrar   tocar   cenar

a.

b.

c.

d.

Perífrasis verbal

1 Lee la historieta de Gaturro y observa la expresión destacada.

Disponible en: www.gocomics.com/gaturro/2008/01/11. Accedido el: 14 jul. 2021.

a. Los verbos destacados en la historieta expresan:

○ una acción que se está realizando en el presente.

○ una acción que se va a realizar en un tiempo futuro.

○ una acción que se ha realizado en el pasado.

b. ¿Cómo está compuesta la expresión destacada?

_____
_____
_____

c. Completa la definición.

> Perífrasis verbal es una construcción formada por un _____ auxiliar, seguido de una de las formas nominales del verbo principal: _____, gerundio o participio.

2 Escucha el diálogo y completa los huecos.

Sara ¿_____ este año?

Mariana Sí, voy a Río de Janeiro para el carnaval.

Sara ¡Estupendo!

Mariana ¿Por qué no vienes conmigo?

Sara Desgraciadamente no puedo. Tengo que quedarme aquí por culpa del trabajo. Pero tú debes darte prisa.

Mariana ¿Por qué?

Sara Porque si no buscas un hotel con antelación, _____ dificultad para hospedarte.

Mariana Sí, sí, ya lo sé. _____ la reserva aérea y del hotel. Ahora _____ en la ropa que _____, pues allá hace mucho calor. Ah, me olvidé de decirte que _____ en una escuela de samba.

Sara ¿Te _____?

Mariana Por supuesto, _____ con el traje de la comparsa de la escuela que escogimos.

Sara ¡Qué experiencia fantástica! Un día quiero hacer lo mismo…

Mariana Si quieres, el próximo año podemos ir juntas.

Sara ¡Ojalá tengas razón! No te olvides de sacar fotos y mándame postales de la ciudad.

3 Observa en el cuadro las perífrasis más utilizadas en español.

tener que + infinitivo	Expresa obligación impuesta por los otros o por la propia persona.	**Tienes que** decir todo lo que sabes sobre el accidente. **Tendremos que** hacer una reserva en el hotel. **Tuve que** pedirle que me acompañara a la fiesta. De pequeño, **tenía que** celebrar mi cumpleaños en mi casa.
deber + infinitivo	Expresa obligación impuesta por la propia persona o un consejo de los otros.	**Debo salir** temprano. **Deberán llegar** pronto. **Debías ponerte** este vestido morado para ir a la fiesta. **Deberías conocer** el Carnaval de Barranquilla.
haber que + infinitivo	Expresa obligación impuesta de manera general, impersonal.	Cuando tocaban las sirenas, **había que salir** corriendo. **Hay que pensarlo** bien. Si quiere aprobar, **habrá que estudiar.** **Habría que aprender** un poco más de las tradiciones latinoamericanas.
ir a + infinitivo	Expresa una intención pasada o futura.	**Voy a hacer** la cena de Nochebuena. **Fue a trabajar** a la oficina. **Iba a separar** las tarjetas para enviarlas por correo. **Fuimos a ver** el desfile de carnaval.
estar + gerundio	Expresa la continuación de un hecho durante determinado tiempo.	**Estoy escribiendo** un artículo sobre fiestas populares. **Estamos haciendo** una encuesta sobre compras en Navidad. **Estuve hablando** con el director de la empresa sobre el festivo. **Están tardando** mucho en enviarnos las entradas para la fiesta.
echar a + infinitivo	Expresa iniciación de un hecho.	**Echó a correr** por la avenida. **Se echó a llorar** porque estaba triste. **Se echaba a reír** siempre que Juan abría la boca. **Me eché a dormir** después del cumpleaños.
acabar de + infinitivo o **terminar de** + infinitivo	Expresa finalización de un hecho.	**Acaban de regresar** de la boda de Antonio y Carmen. **Acabaron de salir** del cumple de la abuela. Los chicos **terminaron de arreglar** la mesa. **Acabaron de divulgar** los resultados del desfile.

4 Reescribe las frases usando la perífrasis verbal **ir a** + **infinitivo**. Mira el ejemplo.

Compraremos hoy los trajes para la Nochebuena.
Vamos a comprar *hoy los trajes para la Nochebuena.*

a. Visitaremos a Juan en las vacaciones.
___

b. ¿Evitaréis comer demasiado durante las fiestas?
___
___

c. ¿Las chicas comprarán todo lo necesario para la Nochebuena?
___
___

d. Les preguntaré a los niños si quieren comer algo más.
___
___

e. Arreglaremos el salón con una decoración divertida.
___
___

f. Hablaremos sobre las fiestas brasileñas.
___

5 Forma frases utilizando un elemento de cada columna.

voy a	escuchar	mañana temprano
debemos	viajar	la basura
hay que	hablando	pronto
estáis	bajar	muy alto
tengo que	salir	de la fiesta
acabaron de	regresar	lo que dice

___
___
___
___
___

6 Completa cada frase con la perífrasis verbal correcta.

a. Nosotros _____ la tarea pedida.
- ○ vamos hacer
- ○ tenemos de hacer
- ○ vamos a hacer
- ○ debemos que hacer

b. Juan y Julio _____ con los compañeros de clase.
- ○ están jugando
- ○ han que jugar
- ○ están a jugar
- ○ deben que jugar

c. No se _____ tan alto en clase.
- ○ tiene de hablar
- ○ hay de hablar
- ○ debe hablar
- ○ debe que hablar

d. _____ paciencia con esos niños.
- ○ Están a tener
- ○ Hay que tener
- ○ Se debe de tener
- ○ Se debe que tener

e. Ahora no puedo salir, _____. Mañana tengo examen de Geografía.
- ○ tengo de estudiar
- ○ estoy a estudiar
- ○ debo que estudiar
- ○ estoy estudiando

f. —¿Qué haces, Juan?
—_____ la tele.
- ○ Estoy viendo
- ○ Voy ver
- ○ Estoy a ver
- ○ Tengo de ver

g. _____ con María, pues ella te _____.
- ○ Tienes de hablar / tienes de llamar
- ○ Tienes que hablar / está llamando
- ○ Hay de hablar / hay de llamar
- ○ Vas hablar / va llamar

h. Ahora _____ una historia a la niña.
- ○ vamos a contarle
- ○ hemos de contarle
- ○ vamos contarle
- ○ debemos de contarle

7 Mira las fotografías y completa las leyendas utilizando las perífrasis del recuadro.

> echar a correr   deber anunciar   estar desfilando
> acabar de montar   tener que preparar   ir a celebrar

a.

El año que viene _____ _____ las fiestas de fin de año en Madrid.

b.

No me gusta cuando los espectadores se _____ en la fiesta de San Fermín.

c.

Julián y Guillermo _____ _____ por primera vez en Barranquilla.

d.

Mis amigos y yo _____ _____ un altar para el Día de Muertos.

e.

Mis hermanos _____ _____ el arbolito de Navidad.

f.

Mañana _____ el inicio del carnaval.

¿Vamos a producir?

Feria cultural

La feria cultural es una actividad organizada por un grupo de personas, en que se reúnen trabajos, generalmente relacionados con una temática principal, o se ofrecen talleres de creación, charlas, muestras de películas, exposición de temas, etc. Su objetivo es dar a conocer a los visitantes un poco de la cultura de un grupo o país.

En ese evento, entre otros recursos, la exposición oral cumple un papel clave para ayudar al visitante a comprender los contenidos expuestos. El ponente puede comentar un tema de forma organizada o explicarle con un poco más de profundidad la importancia de lo que ha hecho durante el proceso de creación.

Ahora, sigue las etapas para preparar una presentación para una feria cultural sobre la diversidad de las fiestas hispanas.

Preparación

1. En grupos, elijan un tema de interés cultural y organicen la información, teniendo en cuenta los temas presentados.

País	
Fiesta popular	
Cuándo se celebra	
Descripción de la celebración	• Música y baile: • Vestuario: • Gastronomía: • Otras informaciones:

2. Verifiquen si las informaciones son suficientes para la presentación.

Producción

1. Organicen la presentación en por lo menos tres partes: presentación de la fiesta, imágenes o videos e importancia cultural.
2. Distribuyan las tareas entre los participantes del grupo. Algunos pueden encargarse de buscar imágenes y videos para la presentación, mientras que otros elaboran textos llamativos y objetivos.
3. Preparen una presentación para exponer oralmente en la feria cultural.

Revisión

1. Revisen las tareas de cada componente del grupo y verifiquen si es necesario hacer alguna corrección de texto y de selección de imágenes y videos.
2. Ensayen la presentación oral, con base en el material que han preparado.

Versión final

1. Presenten en la feria cultural la fiesta popular elegida.
    - Exhiban el material que han preparado.
    - Presenten la importancia cultural de la celebración que eligieron.
2. Miren atentamente la presentación de los otros grupos.

¡Entérate!

El Día de la Hispanidad

El 12 de octubre se celebra en España el Día de la Hispanidad, en conmemoración a la llegada de Cristóbal Colón a América en 1492. Sin embargo, algunos países de Latinoamérica nos proponen una mirada crítica sobre ese acontecimiento histórico y su impacto para los pueblos originarios. ¿Sabes cómo se celebra el Día de la Hispanidad en otros países? Lee el texto para enterarte de ese tema.

¿Cómo celebran otros países el Día de la Hispanidad?

[...]

Este lunes, 12 de octubre de 2020, será siempre recordado por su condición de 'diferente' tanto en Zaragoza como en el resto del mundo. A pesar de que la celebración queda eclipsada por la crisis sanitaria, conviene recordar uno de sus múltiples significados: el Día de la Hispanidad como forma de **hermanamiento entre España y la mayoría de los países hispanohablantes del continente americano**.

Mientras en España es Fiesta Nacional y los actos más importantes son la Ofrenda de Flores a la Virgen del Pilar en Zaragoza y el desfile de las Fuerzas Armadas de Madrid, esta festividad se celebra de manera muy diferente en otros países. **En Latinoamérica, lo más habitual son las concentraciones de personas y marchas con la finalidad de poner en valor el pasado de los pueblos originarios indígenas.** [...]

En Argentina, desde el 2010 recibe el nombre **Día del Respeto a la Diversidad Cultural**, antes Día de la Raza. El objetivo intelectual de los festejos que se realizan en este país es el de potenciar la reflexión histórica y el diálogo intercultural sobre los derechos de los pueblos originarios.

[...]

Mapuches marchan en el centro de Santiago, en Chile.

HERALDO.ES. ¿Cómo celebran otros países el Día de la Hispanidad? *Heraldo*. Madrid, 12 oct. 2020. Disponible en: www.heraldo.es/noticias/aragon/zaragoza/2020/10/12/como-celebran-otros-paises-dia-hispanidad-fuera-espana-1399680.html. Accedido el: 6 jun. 2021.

1 Según el texto, ¿cómo se celebra el Día de la Hispanidad en España?

2 ¿El Día de la Hispanidad se celebra en Latinoamérica como en España? ¿Por qué?

3 ¿Cómo crees que puedes valorar la diversidad cultural de los países hispanohablantes?

Sigue explorando

Patrimonio cultural inmaterial

Al conjunto de saberes, prácticas sociales, fiestas, tradiciones y expresiones orales que se transmiten entre generaciones se le conoce como patrimonio cultural inmaterial. La Unesco y los países miembros de la Convención para la Salvaguardia del Patrimonio Inmaterial son responsables por seleccionar expresiones culturales para formar parte de la lista representativa del Patrimonio Cultural Inmaterial de la Humanidad. Conoce dos patrimonios que se añadieron recientemente a esa lista.

El chamamé argentino

Es un baile folclórico popular en celebraciones comunitarias, festivas y religiosas de la provincia de Corrientes y del noreste de Argentina. Tiene sus raíces en la música guaraní.

La bachata dominicana

Es un ritmo musical y un baile que surgió en República Dominicana en los años 1960. Se suele bailar en pareja, centrándose en los movimientos de la cadera y de los pies

Ahora, investiga otros patrimonios culturales inmateriales en España e Hispanoamérica y elige el que más te llama la atención para presentarlo en clase:

- Busca información en Internet.
- Selecciona imágenes, audios y/o videos del patrimonio elegido.
- Organiza tu investigación en una presentación para compartir con tus compañeros.

Para explorar más

- DÍA de Muertos. Dirección: Carlos Eduardo Gutiérrez Medrano. Producción: Estefani Gaona Gochicoa. México: Metacube, 2019. 1 video (1h33min).
  Salma, una joven huérfana de 16 años que quiere conocer su origen, busca saber la historia de sus fallecidos padres y vive muchas aventuras con sus dos hermanos adoptivos.
- EXPRESO Sur: una fiesta de culturas. Producción: Unión de las Naciones Suramericanas (Unasur). Argentina, Bolivia, Brasil, Colombia, Ecuador, Uruguay, 2015.
  Serie documental con 36 episodios que recogen las expresiones culturales y las celebraciones tradicionales de los seis países involucrados en la producción.
- FLAMENCO. Dirección: Carlos Saura. Producción: Juan Lebrón. España, 1995.
  Tarantas, tangos, bulerías, fandangos y alegrías son algunos de los ritmos del flamenco que se presentan en este documental artístico del reconocido director español.

REPASO

Unidad 1

1 Lee estos mensajes que te han enviado y contéstalos teniendo en cuenta las intenciones.

a.

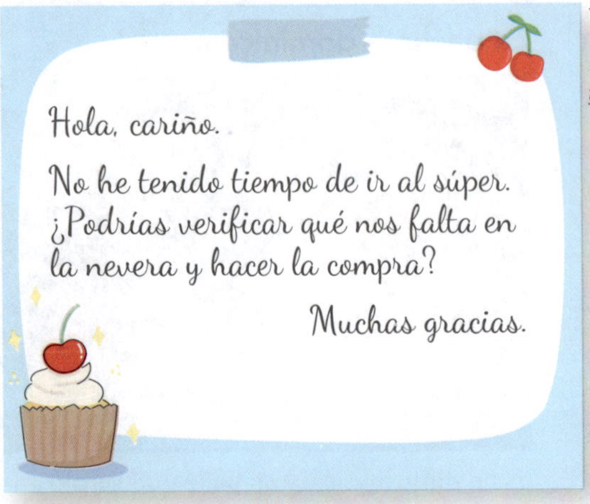

Hola, cariño.
No he tenido tiempo de ir al súper. ¿Podrías verificar qué nos falta en la nevera y hacer la compra?
Muchas gracias.

peaze/Shutterstock

peaze/Shutterstock

b.

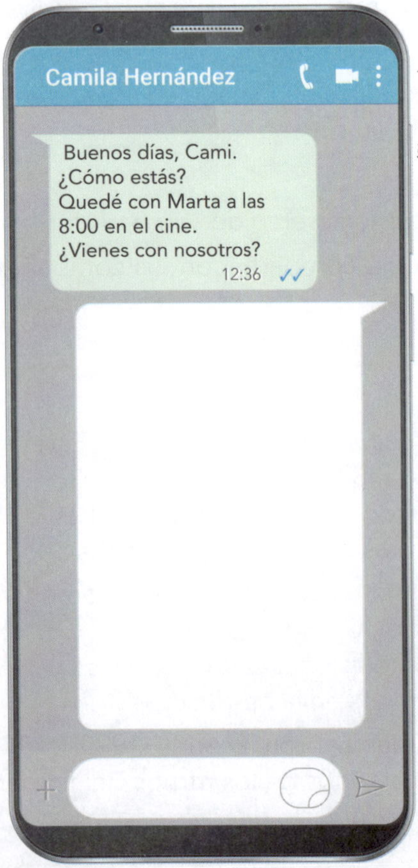

Camila Hernández
Buenos días, Cami. ¿Cómo estás? Quedé con Marta a las 8:00 en el cine. ¿Vienes con nosotros?
12:36

Artos/Shutterstock

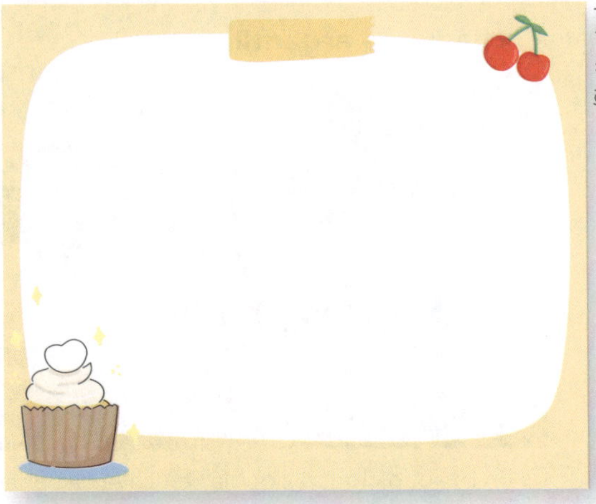

c.

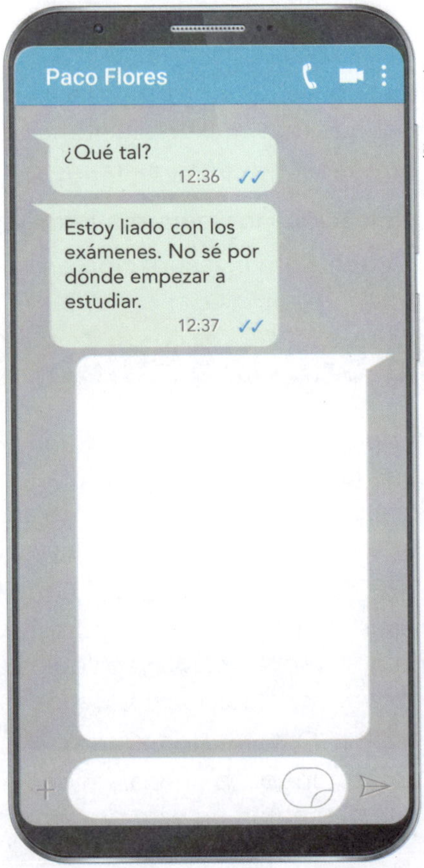

Paco Flores
¿Qué tal?
12:36
Estoy liado con los exámenes. No sé por dónde empezar a estudiar.
12:37

Artos/Shutterstock

d.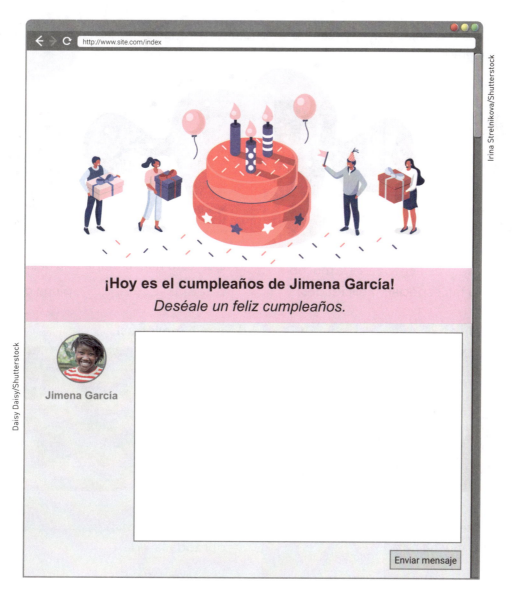

2 Completa los mensajes con los verbos del recuadro en presente de subjuntivo.

| recibir | aprender | estar | sentirse | poder | enviar | prepararse | ver |

a. Ojalá Marina _____ pronto el mensaje que le he enviado.

b. Es importante que _____ (**nosotros**) algunos idiomas para el trabajo.

c. Puede que la universidad me _____ una respuesta esta semana.

d. Me suscribí al periódico digital para que todos en mi casa _____ leerlo.

e. Dile al candidato que _____ un poco más para la entrevista.

f. Espero que _____ (**tú**) mejor con este mensajito.

g. Ojalá _____ (**nosotros**) buenas noticias esta semana.

h. Es importante que _____ (**tú**) atento a las falsas noticias.

3 Completa los mensajes con el presente de subjuntivo y luego relaciónalos con la respectiva fecha conmemorativa.

a. disfrutar (**tú**)

Que _____ mucho este día tan especial. ¡Felicidades!

b. ser (**ella**)

Que esta nueva etapa de vuestra vida _____ plena de amor.

c. traer (**él**)

Que este año nuevo nos _____ a todos mucha paz.

d. seguir (**nosotras**)

Espero que _____ juntas por toda la vida.

e. demostrar (**yo**)

Aunque a veces no lo _____ como debería, te quiero mucho.

f. olvidarse (**ellos**)

Que este año los Reyes Magos no _____ de mis regalos.

◯ Día del Amigo

◯ Día de la Madre

◯ Año Nuevo

◯ Boda

◯ Día de los Reyes Magos

◯ Cumpleaños

Unidad 2

1 Lee y escucha el poema. A continuación, haz lo que se te pide.

El lagarto está llorando

El lagarto está llorando.
La lagarta está llorando.

El lagarto y la lagarta
con delantalitos blancos.

Han perdido sin querer
su anillo de desposados.

¡Ay, su anillito de plomo,
ay, su anillito plomado!

Un cielo grande y sin gente
monta en su globo a los pájaros.

El sol, capitán redondo,
lleva un chaleco de raso.

¡Miradlos qué viejos son!
¡Qué viejos son los lagartos!

¡Ay cómo lloran y lloran,
¡ay!, ¡ay!, ¡cómo están llorando!

GARCÍA LORCA, Federico. El lagarto está llorando.
In: *Obras completas*. Madrid: Aguilar, 1971.

a. Encuentra en el poema dos palabras en diminutivo y escribe si tienen sentido despectivo o afectivo.

b. ¿Cuáles son los aumentativos despectivos de **gente** y **pájaro**?

c. ¿Cuáles son los diminutivos afectivos de **sol** y **cielo**?

2 Pasa las palabras señaladas al aumentativo o al diminutivo según la indicación.

a. Caperucita va a la casa de su **abuela**. (diminutivo)

b. Los dueños de la empresa viven en una **casa**. (aumentativo)

c. Mi escuela está **cerca** de aquí. (diminutivo)

d. No voy a leer ese **libro**. (aumentativo despectivo)

e. Mi madre plantó un lindo **árbol** en el jardín. (diminutivo)

f. Estos **panes** son muy sabrosos. (diminutivo)

g. Nadie quiere dormir en esa **cama**. (aumentativo despectivo)

h. Laura es una **joven** muy estudiosa. (diminutivo)

i. En la mañana me tomo un **café** antes de empezar a trabajar. (aumentativo)

3 Utiliza las palabras del recuadro para completar los anuncios de empleo.

| innovación | expediente | funciones | investigadores | contacto |
| conocimiento | habilidades | humanidades | selecciona | informática |

a.

Joven Aprendiz

Multinacional española _____ para el programa Joven Aprendiz adolescentes entre 14 y 16 años que quieran

descubrir y desarrollar sus _____ profesionales. Requisito: estar regularmente matriculado en una institución

pública. Se analizará el _____.

Más información: jovenaprendizespaña@jovenaprendiz.es

b.

Recepcionista

Empresa busca jóvenes para _____ de atención telefónica y al cliente, así como gestión _____ de reparaciones. Interesados llamar o enviar *curriculum vitae*.

_____: 915262017 / 914636600
Correo electrónico: rasistencia@rasistencia.es

c.

Jóvenes investigadores

La Universidad Nacional invita a estudiantes _____ al programa Jóvenes Investigadores. Podrán inscribirse estudiantes de varias áreas del _____. Los principales temas de esta edición son: Arte, _____ y ciencias sociales; Química, agua y ambiente; Salud; Sector productivo y tecnología e _____.
Correo electrónico: informacionjovenesinvestigadores@universidadnacional.cl

4 Completa las frases con los verbos en presente de subjuntivo.

a. No creo que _____ (**haber**) mucha gente interesada en trabajar en esa oficina.

b. Ojalá _____ (**tener, nosotros**) equilibrio para realizar todas las etapas del proceso de selección.

c. Quizá _____ (**ir, yo**) a España a hacer un intercambio.

d. Queremos que José _____ (**venir**) a trabajar con nosotros.

e. Tu padre es un gran abogado. Ojalá cuando _____ (**crecer, tú**) _____ (**parecerse**) a él.

f. Es probable que Susana _____ (**conocer**) al director de esa institución cultural.

g. No creo que María todavía _____ (**utilizar**) la máquina de escribir para rellenar formularios.

h. Deseo que, al recibir esta carta, _____ (**estar, vosotros**) todos bien de salud.

Unidad 3

1 Completa el recuadro con dos ejemplos más para cada categoría.

Energía	Alimentación	Tecnología	Recursos naturales	Ropa
televisión	verduras	consola	gas	camiseta

2 Lee el artículo y puntúalo correctamente.

Deberes del consumidor

Sabes que los proveedores están obligados a respetar los términos condiciones y modalidades de los contratos aceptados por el consumidor Pero, recuerdas que como consumidores no solo tenemos derechos sino también deberes Toma nota de tus obligaciones como consumidor a informado a inteligente involucrado a .

Realizar tus compras y contrataciones solo en el comercio establecido Leer detalladamente los contratos antes de firmarlos de manera que comprendas totalmente su contenido Si no entiendes, no firmes Tomar tus decisiones de compra libre e informadamente Exigir el cumplimiento de la publicidad Lo que dice la publicidad es exigible como parte del contrato Rechazar los cobros indebidos por ejemplo aquellos hechos por bienes o servicios que no hayas comprado o aceptado Informarte sobre los bienes y servicios ofrecidos en el mercado su precio condiciones de contratación y otras características relevantes antes de tomar una decisión de compra Solicitar la reparación o indemnización por los daños materiales y morales derivados de actos de consumo de acuerdo a los medios establecidos en la ley Adoptar las medidas necesarias para evitar riesgos derivados del uso o consumo de bienes o servicios

No hacer denuncias imprudentes en contra de proveedores vale decir denuncias carentes de fundamento Informarte y buscar los medios para acceder a la educación que te permita un consumo responsable

Fuente de la información: www.sernac.cl/portal/618/w3-article-21568.html.
Accedido el: 15 jun. 2021.

3 Relaciona las frases y complétalas con las formas del pretérito imperfecto de subjuntivo.

a. Si _____ (**vivir, tú**) más cerca…

b. Si _____ (**levantarse, usted**) más temprano…

c. Si _____ (**tener, yo**) más tiempo libre…

d. Si Carmen _____ (**hacer**) un presupuesto…

e. Si _____ (**venir, tú**) a mi casa…

f. Si no _____ (**hacer**) tanto frío…

g. Si _____ (**saber, nosotros**) que el restaurante era tan caro…

○ podríamos jugar videojuegos.

○ comeríamos en otro lugar.

○ te visitaría a menudo.

○ terminaría de leer el libro.

○ ahorraría más.

○ no llegaría tarde a la oficina.

○ usaría mi nueva bermuda.

4 ¿Cambiarías tus hábitos de consumo? Lee los enunciados y complétalos con las condiciones en que lo harías.

a. Dejaría de comer alimentos ultraprocesados si _____
_____.

b. Haría más ejercicios si _____
_____.

c. Separaría la basura si _____
_____.

d. Dejaría de comer carne si _____
_____.

e. Dejaría de tomar gaseosa si _____
_____.

f. Donaría la ropa que ya no me sirve si _____
_____.

5 Resuelve el crucigrama.

Horizontales

1. Verbo oír en la tercera persona del plural en pretérito imperfecto de subjuntivo.
2. Dicho de una persona que ejerce una profesión.
3. Que tiene derecho a que se le pague una deuda.
4. En una operación comercial, cuenta en la que se detallan las mercancías adquiridas o los servicios recibidos y su importe.
5. Cubierta, por lo común de papel, en que se incluye la carta.
6. Verbo hacer en la segunda persona de singular del pretérito imperfecto de subjuntivo.
7. Acción y efecto de consumir.
8. Domicilio de una persona.
9. Verbo saber en la primera persona de singular del presente de subjuntivo.
10. Aumentativo de animal.

Verticales

11. Profesión por la que se recibe un salario.
12. Pieza de tela, generalmente de forma cuadrada, rellena de un material blando y mullido, que sirve para sentarse encima, recostarse o apoyar los pies en él.
13. Indicación del tiempo, y a veces del lugar, en que se hace o sucede algo.
14. Aumentativo despectivo de cabeza.
15. Impreso o tarjeta con que se invita o se es invitado.
16. Remuneración regular asignada por el desempeño de un cargo o servicio.
17. Interjección que denota vivo deseo que suceda algo.
18. Escrito o documento en el que se solicita algo.
19. Compensación por un daño.
20. Diminutivo despectivo de caldo.

Unidad 4

1 Lee el texto y completa los huecos con el pronombre complemento adecuado.

Una fiesta entre amigos

Mi abuelo no quería celebrar su cumpleaños. Dijo que no, que no y que no. Mi madre _____ decía:

—Pero papá, ochenta años no _____ cumplen todos los días.

—Gracias a Dios —dijo mi abuelo. —Solo faltaba que ese disgusto _____ dieran a uno cada dos por tres.

—¡Sí, abuelo! Nosotros _____ preparamos, invitas a tus amigos, compramos una piñata… —ya _____ estaba imaginando.

—Y dentro de la piñata podéis meter pastillas para la artrosis, pastillas para la incontinencia, pastillas para la tensión… —mi abuelo estaba por ver_____ todo negro.

—Si invito a mis amigos, esto puede parecer un asilo. No _____ gusta todo esto lleno de viejos, de dentaduras postizas, de juanetes, no quiero. Además, ¿qué amigos tengo yo?

[…]

La madre imprevisible no volvió a nombrar el cumpleaños de mi abuelo, y el famoso día A (A de Abuelo) _____ acercaba peligrosamente. La víspera de aquel miércoles misterioso, mi madre _____ llamó a su cuarto y […] _____ dijo que iba a celebrar el cumpleaños de mi abuelo por encima del cadáver de quien fuera.

—Pero si él no quiere…

—Lo que él quiera o no quiera a nosotros no _____ importa.

Así es mi madre, ni el Papa es capaz de hacer_____ cambiar de planes.

_____ gustaría a mí que viniera el Papa a decir_____ a mi madre si tiene que celebrar o no un cumpleaños. Mi madre es la máxima autoridad del planeta, eso lo saben hasta extraterrestres como Paquito Medina. […]

LINDO, Elvira. *Manolito Gafotas*. Madrid: Santillana, 1994.

2. Sustituye las palabras destacadas por los respectivos pronombres complemento.

a. He escrito **unos versos** (**para ti**).

b. Pilar va a comprar **un coche** (**para su hijo**).

c. Rosa ha mandado **una postal** (**para nosotros**).

d. En cuanto llegue a España, enviaré **una carta** (**para vosotros**).

e. Estoy escribiendo **un correo** (**para Juan**).

f. ¡Mamá, compra **este juguete** (**para mí**)!

g. He comprado **un ramo de flores** (**para mi madre**).

h. Voy a llevar **estos caramelos** (**para ti**).

3. Con base en la imagen, ¿podemos afirmar que la palabra **llama** tiene diferentes significados? ¿Cuáles?

LLAMA   LLAMA LLAMA   LLAMA LLAMA A LLAMA

LLAMA EN LLAMAS LLAMA   LLAMA EN LLAMAS LLAMA A LLAMA   LLAMA EN LLAMAS LLAMA A LLAMA EN LLAMAS

4 Escribe las palabras del recuadro debajo de la imagen correspondiente.

cerrar / serrar   cocer / coser   sexto / cesto   votar / botar

a.

b.

c.

d.

e.

f.

g.

h.

Unidad 5

1 Lee el afiche sobre los efectos del cambio climático y contesta a las preguntas.

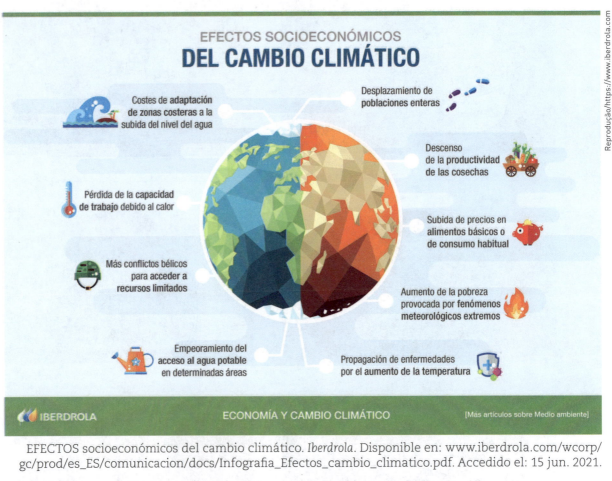

EFECTOS socioeconómicos del cambio climático. *Iberdrola*. Disponible en: www.iberdrola.com/wcorp/gc/prod/es_ES/comunicacion/docs/Infografia_Efectos_cambio_climatico.pdf. Accedido el: 15 jun. 2021.

a. ¿Qué impacto tiene el cambio climático en la salud humana? ¿Por qué?

_____
_____
_____

b. ¿Qué problemas políticos y sociales se presentan en el afiche?

_____
_____
_____

c. ¿Qué consecuencias económicas puede producir el cambio climático?

_____
_____
_____

2 ¿Cómo crees que el cambio climático puede impactar la estructura de vida de tu ciudad?

_____
_____
_____
_____
_____
_____

3 Relaciona los problemas ambientales con sus causas probables y luego escribe una solución para cada uno de ellos.

a. Contaminación del aire.

b. Extinción de especies silvestres.

c. Derretimiento de los glaciares.

d. Acúmulo de basura.

e. Contaminación de océanos.

◯ Calentamiento global.

◯ Descarte inadecuado de basura.

◯ Quema de combustibles fósiles.

◯ Consumo desenfrenado.

◯ Tala de bosques y extracción de madera.

a. _____

b. _____

c. _____

d. _____

e. _____

4 Mira los problemas representados en las imágenes. Enseguida, completa cada sugerencia con los verbos del recuadro en el imperativo.

a.

descartarla   llevarte   recoger

Cuando vayas a la playa, _____ una bolsa reutilizable, _____ toda tu basura y _____ en el contenedor correcto. Nuestro planeta te lo agradecerá.

b.

denunciarlo	contactarnos
ayudarnos	

Si vives cerca de zona de protección ambiental, _____ a combatir la deforestación. Si sospechas de algo, _____ por medio de nuestros canales y _____.

c.

| mejorar | exigir | dejar |

No _____ de actuar a favor del aire de tu ciudad. _____ tu salud respiratoria. _____ que las fábricas sean más sostenibles. Necesitamos salvar el planeta.

5 Completa los consejos con verbos en el imperativo.

a. _____ tu tiempo en el baño: _____ el grifo mientras estés en la ducha. No _____ agua, pues es uno de los recursos más importantes que tenemos.

b. _____ el consumo colaborativo: existen páginas de intercambio de objetos de segunda mano, ropa, zapatos, etc. No _____ lo que no necesitas.

c. _____ alimentos de la proximidad: no _____ alimentos procesados. _____ preferencia a los que se cultivan de forma natural en las cercanías de tu barrio.

d. _____ a la lucha contra el cambio climático: _____ información en tus redes sociales y _____ de grupos y acciones en beneficio de la salud del planeta.

Unidad 6

1 Lee el diálogo y complétalo con las perífrasis del recuadro.

> ir a + hacer (2 veces)   ir a + ser   haber que + contar
> ir a + traer   tener que + pedir   ir a + invitar   tener que + hacer

Lolita Quiero hacer una fiesta de fin de año en mi casa. ¿Me ayudas a organizarla?

Amanda ¡Por supuesto, guapa! ¿A quiénes _____?

Lolita Mira, aquí tengo la lista.

Amanda ¿Quince personas? Eso se resuelve en un abrir y cerrar de ojos.

Lolita No tanto... _____ con que la gente traiga amigos que no están en la lista.

Amanda Tranquila. Basta con preguntarles a los invitados si _____ a alguien y pedirles que confirmen su presencia con alguna antelación.

Lolita Tienes razón.

Amanda Y puedes invitar a todos por mensaje instantáneo que es más rápido.

Lolita ¡Estupendo! ¡Ah!, ¿qué te parece si jugamos al amigo invisible?

Amanda Buena idea... Pero _____ el sorteo de los nombres y la correspondencia... ¿Cómo _____ eso?

Lolita Podemos utilizar una aplicación para hacerlo.

Amanda Vale. ¿Y cuándo es la fiesta?

Lolita Dentro de dos semanas. Después salimos de vacaciones y _____ más difícil encontrarnos.

Amanda ¿Y las comidas y bebidas?

Lolita Podemos encargarle la comida al tío Vicente... Seguro que hará unos bocadillos muy ricos. Las bebidas... no lo sé.

Amanda Podemos dejarlas a cargo de los invitados... Les pedimos que traigan refrescos y zumos, ¿qué te parece?

Lolita ¡Perfecto, Amanda! _____ todavía un favor.

Amanda Lo que quieras.

Lolita ¿Puedes montar una lista de canciones para la fiesta?

Amanda Sí, claro. _____ una selección muy especial...

Lolita Gracias, maja. ¡Siempre puedo contar contigo!

Amanda ¡Venga!

2 Escribe frases con **estar** + **gerundio**.

a. vosotros / leer un libro / sobre el Día de Muertos
_____
_____

b. ella / divertirse / en el Carnaval
_____
_____

c. tú / oír / la música flamenca
_____
_____

d. yo / comer / de San Juan / de la fiesta / un dulce típico
_____
_____

e. ellos / hacer / los pedidos / para el próximo año
_____
_____

f. la profesora / comentar / el origen de la Feria de las Flores
_____
_____

3 Completa el recuadro con las formas que se piden.

El gerundio de **pedir**		El gerundio de **traer**	
El infinitivo de **construyendo**		El participio de **escribir**	
El gerundio de **lavarse**		El gerundio de **morir**	
El participio de **descubrir**		El infinitivo de **riéndose**	
El infinitivo de **durmiendo**		El gerundio de **leer**	

4 Completa los planes con la perífrasis **ir a** + **infinitivo**.

a. Luisa _____ (**celebrar**) el cumpleaños con sus amigos.

b. Nosotros _____ (**hacer**) una cena de Navidad.

c. El próximo fin de semana _____ (**preparar, yo**) una comida muy especial.

d. Lucas y Antonio _____ (**participar**) del concurso de disfraces.

e. El año que viene, _____ (**conocer, yo**) la Cabalgata de los Reyes Magos.

5 Lee lo que dice Ricardo sobre el año que viene y, después, haz lo que se pide.

Llega fin de año y todos empiezan a hacer sus listas de propósitos… Martina va a estudiar inglés, Rosario va a hacer un curso de danza flamenca y Diego va a participar en campeonatos intermunicipales con su equipo de fútbol. Mi hermano Juan vendrá a vivir definitivamente con nosotros, ya que su madre se va a trabajar en otra ciudad. Lupe y yo somos los únicos que todavía no tenemos planes bien definidos. Mi amiga tiene dudas entre dedicarse solamente a los estudios o empezar a trabajar a media jornada. Yo, si pudiera, me pondría una mochila a la espalda y saldría a viajar por Latinoamérica… pero sé que no podré concretar esos planes hasta que concluya el bachillerato. De todos modos, de una cosa estoy seguro: me divertiré muchísimo con mis amigos, como todos los años.

• Y tú, ¿qué planes tienes? Escríbelos en tu cuaderno.

Bibliografía

ALMEIDA FILHO, J. C. P. (coord.). *Português para estrangeiros*: interface com o espanhol. São Paulo: Pontes, 2001.

BAKHTIN, M. *Estética da criação verbal*. 2. ed. São Paulo: Martins Fontes, 1997.

BENITO, A. B. G. La competencia intercultural y el papel del profesor de lenguas extranjeras. Disponible en: https://dialnet.unirioja.es/servlet/articulo?codigo=3186598. Accedido el: 2 jun. 2021.

BRASIL. Ministério da Educação. Secretaria de Educação Básica. União Nacional dos Dirigentes Municipais da Educação. Conselho Nacional de Secretarias de Educação. Base Nacional Comum Curricular. Versão final. Dezembro de 2018. Disponible en: http://basenacionalcomum.mec.gov.br/images/BNCC_EI_EF_110518_versaofinal_site.pdf. Accedido el: 3 mar. 2021.

BRASIL. Presidência da República. Casa Civil. Subchefia para Assuntos Jurídicos. *Lei nº 9.394, de 20 de dezembro de 1996*. Estabelece as diretrizes e bases da educação nacional. Brasília, DF: Presidência da República, 1996. Disponible en: www.planalto.gov.br/ccivil_03/leis/l9394.htm. Accedido el: 14 mayo 2021.

CAMARGO, F.; DAROS, T. *A sala de aula inovadora*. São Paulo: Penso Editora, 2018.

CASSANY, D. *Tras las líneas*: sobre la lectura contemporánea. Barcelona: Anagrama, 2006.

CELADA, M. T.; GONZÁLEZ, N. T. M. El español en Brasil: un intento de captar el orden de la experiencia. *In*: O ensino do espanhol no Brasil: passado, presente, futuro. São Paulo: Parábola, 2005.

CONSOLO, D. A.; ABRAHÃ, M. H. V. (org.). *Pesquisas em linguística aplicada*: ensino e aprendizagem de língua estrangeira. São Paulo: Editora da Unesp, 2004.

CUERVO, R. J. *Diccionario de construcción y régimen de la lengua española*. Santafé de Bogotá: Instituto Caro y Cuervo, 1994.

DI TULLIO, A; MALCOURI, M. La gramática y la enseñanza de la lengua. *In*: *Gramática del español para maestros y profesores del Uruguay*. Montevideo: ANEEP, 2012.

DINTEL, F. *Cómo se elabora un texto*. Barcelona: Alba Editorial, 2002.

FREIRE, P. *Pedagogia da autonomia*: saberes necessários à prática educativa. São Paulo: Paz e Terra, 1992.

FREITAS, L.; GOETTENAUER, E. *Sentidos en lengua española 1*. São Paulo: Moderna, 2016.

GONZÁLEZ, N. M. Portugués brasileño y español: lenguas inversamente asimétricas. *In*: CELADA, M. T.; GONZÁLEZ, N. M. (coord.). Gestos trazan distinciones entre la lengua española y el portugués brasileño. *Signos ELE*, n. 1-2, dic. 2008. Disponible en: http://p3.usal.edu.ar/index.php/ele/article/view/1394. Accedido el: 3 mar. 2021.

MANCERA, A. M. C. Comunicación no verbal y enseñanza de lenguas extranjeras. *In*: *Cuadernos de didáctica del Español/LE*. Madrid: Arco Libros, 1999.

MARCUSCHI, L. A. Gêneros textuais: definição e funcionalidade. *In*: DIONISIO, P. A.; MACHADO, R. A.; Bezerra, A. M. *Gêneros textuais & ensino*. Rio de Janeiro: Lucerna, 2008.

MATTE BON, F. *Gramática comunicativa del español*. Tomo I: De la lengua a la idea. Tomo II: De la idea a la lengua. Madrid: Edelsa, 1995.

MORENO, C. *Gramática contrastiva del español para brasileños*. Madrid: SGEL, 2007.

MORIN, E.; DÍAZ, C. E. D. *Reinventar a educação*: abrir caminhos para a metamorfose da humanidade. São Paulo: Palas Atenas, 2016.

OLIVEIRA, M. K. *Vygotsky*: aprendizado e desenvolvimento. Um processo sócio-histórico. São Paulo: Scipione, 1995.

REAL Academia Española. Disponible en: www.rae.es/. Accedido el: 3 mar. 2021.